Die „überquotale Teilungsanordnung“

Forschungen zum deutschen und internationalen Erb- und Familienrecht

Herausgegeben von Christina Eberl-Borges und Rudolf Meyer-Pritzl

Band 19

PETER LANG

Berlin - Bruxelles - Chennai - Lausanne - New York - Oxford

Benjamin Zapp

Die „überquotale Teilungsanordnung"

unter besonderer Berücksichtigung der Ausgleichspflicht bei der Rechtsnachfolge von Todes wegen durch qualifizierte Nachfolgeklausel in den Gesellschaftsanteil einer Personengesellschaft

PETER LANG

Berlin - Bruxelles - Chennai - Lausanne - New York - Oxford

Bibliografische Information der Deutschen Nationalbibliothek
Die Deutsche Nationalbibliothek verzeichnet diese Publikation in der Deutschen Nationalbibliografie; detaillierte bibliografische Daten sind im Internet über http://dnb.d-nb.de abrufbar.

Zugl.: Mainz, Universität., Diss., 2024

Gedruckt auf alterungsbeständigem, säurefreiem Papier.
Druck und Bindung: CPI books GmbH, Leck

D 77
ISSN 2364-8783
ISBN 978-3-631-92450-1 (Print)
E-ISBN 978-3-631-92462-4 (E-PDF)
E-ISBN 978-3-631-92463-1 (E-PUB)

DOI 10.3726/b22197

Verlegt durch: Peter Lang GmbH, Berlin, Deutschland

info@peterlang.com www.peterlang.com

Diese Publikation wurde begutachtet.

Inhaltsverzeichnis

Danksagung 15

Abkürzungsverzeichnis 17

1. Kapitel: Einleitung 21

2. Kapitel: Erbrechtliche Grundlagen 25

I. Grundsatz der Universalsukzession, § 1922 BGB 25

II. Einflussnahme des Erblassers auf die Verteilung seines Nachlasses 26

1. Auseinandersetzungsanordnungen, § 2048 S. 1 BGB 26

2. Teilungsanordnung 27

a. Begrifflichkeit 27

b. Normzweck 27

c. Wirkung einer Teilungsanordnung 28

3. Überquotale Teilungsanordnung 30

a. Begrifflichkeit 30

b. Stellungnahme 30

4. Vermächtnis, § 1939 BGB 31

a. Allgemeines 31

b. Vorausvermächtnis 32

5. Unterschiede zwischen Teilungsanordnung und Vorausvermächtnis 32

a. Fälligkeit 32

b. Anrechnung 33

c. Vertragsmäßige bzw. wechselbezügliche Verfügung 33

d. Vor- und Nacherbschaft 33

e. Nachlassinsolvenz und Haftung 34

f. Ausschlagungsmöglichkeit 34

6. Abgrenzung zwischen Teilungsanordnung und Vorausvermächtnis 34
a. Entwicklung in der Rechtsprechung 34
b. Heutige Abgrenzungskriterien 35
7. Kumulation von Teilungsanordnung und Vorausvermächtnis 36
a. Meinungsstand 36
b. Stellungnahme 37
8. Übernahmerechte 38
a. Rechtsnatur 39
b. Stellungnahme 41
III. Auseinandersetzung der Erbengemeinschaft 42
1. Erfordernis eines Auseinandersetzungsvertrags 42
2. Berichtigung der Nachlassverbindlichkeiten 44
3. Verteilung des Überschusses 44
4. Abweichende Regelungen des Erblassers 45
5. Geltendmachung des Auseinandersetzungsanspruchs 45
6. Wirkung und Inhalt des Auseinandersetzungsplans 46

3. Kapitel: Übertragung eines Gesellschaftsanteils einer Personengesellschaft von Todes wegen und Innenausgleich weichender Miterben 47
I. Rechtsfolgen bei Tod eines Gesellschafters 48
II. Regelungsmöglichkeiten der Gesellschafter und deren Rechtsfolgen 49
1. Fortsetzungsklausel 49
2. Eintrittsklausel 50
3. Nachfolgeklausel 50
a. Einfache und qualifizierte Nachfolgeklausel 51
b. Gesellschaftsrechtliche und erbrechtliche Nachfolgeklausel 51
c. Gesellschaftsanteil als Nachlassbestandteil 54
d. Kongruenz zwischen Gesellschaftsrecht und Erbrecht 55

III. Ausgleichspflicht unter Miterben 56
1. Keine Ausgleichspflicht 57
2. §§ 2050 ff. BGB analog 58
3. § 812 I 1 2. Alt. BGB 58
4. § 242 BGB 59
5. „Geist der Rechtsordnung“ 60
6. § 1978 BGB analog 60
7. § 2301 BGB 62
8. § 1417 III BGB analog bzw. § 1478 III BGB 62
9. Offene Rechtsfortbildung 63
10. Auseinandersetzungslösung 64
a. § 2048 S. 1 BGB (analog) 65
b. Ausgleichspflicht ohne positivrechtliche Grundlage 65
c. § 2047 I BGB bzw. §§ 2047 I BGB analog, 2042 II, 753 I 2 BGB bzw. §§ 2042, 2047 BGB 66
d. Ausgleichspflicht aus dem Auseinandersetzungsplan 67
11. Annahme einer Ausgleichspflicht unter Forderung einer gesetzlichen Normierung 67
12. Stellungnahme 67
a. Keine Ausgleichspflicht 67
b. §§ 2050 ff. BGB analog 69
c. § 812 I 1 2. Alt. BGB 75
d. § 242 BGB 77
e. „Geist der Rechtsordnung“ 79
f. § 1978 BGB analog 80
g. § 2301 BGB 82
h. § 1417 III BGB analog bzw. § 1478 III BGB 84
i. Offene Rechtsfortbildung 85
j. Auseinandersetzungslösung 85
aa. § 2048 S. 1 BGB (analog) 85
(1) Anspruchscharakter des § 2048 S. 1 BGB 85

(2) Normzweck des § 2048 S. 1 BGB ... 86

(3) Fehlende dingliche Wirkung ... 87

bb. Ausgleichspflicht ohne positivrechtliche Grundlage ... 88

(1) Vergleich zur (überquotalen) Teilungsanordnung ... 89

(2) Vergleich zur rechtsgeschäftlichen Teilauseinandersetzung ... 91

cc. § 2047 I BGB bzw. §§ 2047 I BGB analog, 2042 II, 753 I 2 BGB bzw. §§ 2047, 2042 BGB ... 92

(1) Wortlaut ... 92

(2) Systematik ... 93

(3) Historie – Vergleich zu § 736d VI BGB n. F. ... 94

(a) Vergleichbarkeit der Regelungen ... 94

(b) Keine eigenständige Geltendmachung von § 736d VI BGB ... 95

dd. Ausgleichspflicht aus Auseinandersetzungsvertrag ... 95

k. Zwischenergebnis ... 99

l. Abweichende Bewertung durch das Gesetz zur Modernisierung des Personengesellschaftsrechts (MoPeG)? ... 99

aa. Literaturmeinungen ... 100

bb. Stellungnahme ... 100

4. Kapitel: Ausgleichspflicht - überquotale Teilungsanordnung ... 103

I. Entwicklung der Rechtsprechung im Hinblick auf die sog. „wertverschiebende Teilungsanordnung“ und heutige Auffassung in Rechtsprechung und Literatur ... 103

1. Auffassung des Reichsgerichts ... 103

a. Urteil vom 22. Dezember 1941 ... 103

b. Urteil vom 13. November 1942 ... 104

2. Auffassung des Bundesgerichtshofs ... 104

a. Urteil vom 8. November 1961 ... 104

b. Urteil vom 29. Dezember 1961 ... 105

c. Urteil vom 17. November 1972 ... 106
d. Urteil vom 2. Dezember 1981 und 14. März 1984 ... 106
3. Heutiger Standpunkt zur „wertverschiebenden Teilungsanordnung“ ... 107
4. Stellungnahme ... 107
II. Entwicklung und Standpunkt der Rechtsprechung zur Ausgleichspflicht im Rahmen der überquotalen Teilungsanordnung ... 108
1. Bundesgerichtshof ... 109
a. Urteil vom 23. September 1981 ... 109
b. Urteil vom 14. März 1984 ... 109
c. Urteil vom 23. Mai 1984 ... 110
d. Urteil vom 28. Januar 1987 ... 110
e. Urteil vom 6. Dezember 1989 ... 110
f. Urteil vom 27. Juni 1990 ... 111
g. Urteil vom 19. März 1992 ... 111
h. Beschluss vom 25. Oktober 1995 ... 111
2. Obergerichte ... 111
a. Oberlandesgericht Braunschweig, Urteil vom 11. November 1994 ... 111
b. Oberlandesgericht Koblenz, Urteil vom 13. Oktober 2005 ... 112
c. Oberlandesgericht Frankfurt, Urteil vom 5. Oktober 2007 ... 112
d. Oberlandesgericht Jena, Urteil vom 30. Juli 2008 ... 112
e. Oberlandesgericht Saarbrücken, Urteil vom 25. Juni 2014 ... 113
III. Standpunkte in der Literatur zur Ausgleichspflicht im Rahmen der überquotalen Teilungsanordnung ... 113
1. Annahme einer Ausgleichspflicht aus dem Privatvermögen ... 113
a. Anspruch aus §§ 2042, 2047 BGB ... 114
b. Anspruch aus der Teilungsanordnung ... 115
2. Ablehnung einer Ausgleichspflicht aus dem Privatvermögen ... 115

IV. Stellungnahme zu dem bisherigen Meinungsstand 116
1. Übertragung der Standpunkte zur Ausgleichspflicht bei der qualifizierten Nachfolge von Gesellschaftsanteilen an einer Personengesellschaft 117
a. §§ 2050 ff. BGB (analog) 117
aa. Persönlicher Anwendungsbereich 117
bb. Lebzeitige Zuwendung 117
b. § 812 I 1 2. Alt. BGB 119
c. § 242 BGB 121
d. „Geist der Rechtsordnung“ 122
e. § 1978 BGB analog 122
f. § 2301 BGB 123
g. Offene Rechtsfortbildung 123
h. Auseinandersetzungslösung 124
aa. § 2048 S. 1 BGB 124
bb. Ausgleichspflicht aus dem Auseinandersetzungsvertrag 124
i. Zwischenergebnis 125
2. Stellungnahme zur Ausgleichspflicht aus anderen rechtlichen Wertungen 126
a. Verpflichtungswirkung der Teilungsanordnung 126
b. Vergleich zur Auflage 128
c. Vergleich zu den Regelungen des Vermächtnisses 131
d. Beschluss des Bundesgerichtshofs vom 25. Oktober 1995 135
e. Gleichbehandlungswille des Erblassers 137
f. Bestätigung des gefundenen Ergebnisses 137
aa. Unvereinbarkeit mit dem Grundsatz der Privatautonomie 137
bb. Gesamtkonzept der Auseinandersetzung gem. §§ 2042 ff. BGB 139
V. Rechtsfolge einer überquotalen Teilungsanordnung 139
1. Meinungsstand 139
2. Stellungnahme 140

5. Kapitel: Alternative Gestaltungsmöglichkeiten des Erblassers 143
I. Mögliche Gestaltungsziele 143
1. Variante A 143
2. Variante B 144
3. Ausgleichspflicht des bedachten Miterben 144
II. Mögliche Gestaltungsmittel 144
1. Übernahmerecht 145
2. Auflage 145
3. Bedingte Erbeinsetzung 145
4. Vermächtnis 146
5. Kombination von Teilungsanordnung und Vorausvermächtnis 147
6. Vorteile und Nachteile der jeweiligen Gestaltungsmöglichkeiten 147
a. Übernahmerecht 147
b. Auflage 148
c. Bedingte Erbeinsetzung 148
d. Vermächtnis 149
7. Umdeutung einer fehlgeschlagenen überquotalen Teilungsanordnung 150

6. Kapitel: Zusammenfassung 151

Literaturverzeichnis 155

Meiner Frau Saskia

Danksagung

Nach einer intensiven und lehrreichen Zeit liegt meine Dissertation nun vor Ihnen. Deshalb möchte ich die Gelegenheit nutzen, mich an dieser Stelle bei all denjenigen Personen zu bedanken, die mich auf diesem Weg begleitet haben.

Zuvörderst bin ich meiner Doktormutter, Frau Prof. Dr. Eberl-Borges, zum Dank verpflichtet. Sie haben mich stets bei der Erstellung dieser Arbeit unterstützt und mir den notwendigen Freiraum eingeräumt, der für die Erstellung dieser Arbeit notwendig gewesen ist. Ebenso möchte ich Frau Prof. Dr. Eberl-Borges und Herrn Prof. Dr. Meyer-Pritzl für die Aufnahme der Dissertation in die Forschungsreihe „Forschungen zum deutschen und internationalen Erb- und Familienrecht" danken.

Weiterhin danke ich Herrn Prof. Dr. Roth für die zügige Erstellung des Zweitgutachtens zu meiner Arbeit. Gleichermaßen möchte ich Herrn Rechtsanwalt Keßler und der Stiftung Vorsorge für die finanzielle Unterstützung danken, die ich während der Erstellung dieser Arbeit erhalten habe.

In besonderem Maße möchte ich meiner Ehefrau Saskia danken. Auch für Dich war die Erstellung dieser Arbeit oftmals eine Belastung. Ohne Deine dauerhafte und bedingungslose Unterstützung wäre mir das Verfassen dieser Arbeit nicht möglich gewesen. Danke, dass Du mir immer zur Seite gestanden hast.

Ebenso gilt ein besonderer Dank meinen Eltern, Anita und Uwe, sowie meinem Bruder Kai. Ich danke Euch für Eure Ermutigungen, Zusprüche und Eure Unterstützung während meines Studiums und der Doktorarbeit.

Auch danke ich meinem Schwiegervater Detlev. Du hast zu jeder Zeit Freiräume geschaffen, wenn diese notwendig gewesen sind.

Gleichermaßen möchte ich mich bei meiner Schwiegermutter Jutta und ihrem Ehemann Karl-Heinz bedanken. Auch Ihr habt durch Eure Unterstützung dafür Sorge getragen, dass ich die notwendige Zeit für das Verfassen dieser Arbeit hatte.

Abschließend möchte ich mich bei den Mitarbeiterinnen und Mitarbeiter des Lehrstuhls von Frau Prof. Dr. Eberl-Borges bedanken. Es war eine angenehme und vertrauensvolle Zusammenarbeit am Lehrstuhl.

Abkürzungsverzeichnis

a. A.	andere Ansicht
a. a. O.	am angegebenen Ort
a. F.	alte Fassung
AcP	Archiv für die civilistische Praxis
Alt.	Alternative
Art.	Artikel
Aufl.	Auflage
BB	Betriebsberater
BeckOK	Beck'scher Onlinekommentar
BeckOGK	Beck'scher Online-Großkommentar
BeckRS	Beck-Rechtsprechung
Begr.	Begründer
BeurkG	Beurkundungsgesetz
BGB	Bürgerliches Gesetzbuch
BGBl.	Bundesgesetzblatt
BGH	Bundesgerichtshof
bzgl.	bezüglich
BVerfGE	Entscheidungen des Bundesverfassungsgerichts
bzw.	beziehungsweise
DNotZ	Deutsche Notar-Zeitschrift
DStR	Deutsches Steuerrecht
Ebd.	Ebenda
Einl.	Einleitung
ErbR	Zeitschrift für die gesamte erbrechtliche Praxis
ErbStB	Erbschafts-Steuerberater
ErbStG	Erbschaftssteuer- und Schenkungsgesetz
f.	folgende
ff.	folgende (Plural)
FamFG	Gesetz über das Verfahren in Familiensachen und in den Angelegenheiten freiwilliger Gerichtsbarkeit
FG	Festgabe
Fn.	Fußnote
FS	Festschrift
GbR	Gesellschaft bürgerlichen Rechts

gem.	gemäß
GG	Grundgesetz
GRUR	Gewerblicher Rechtsschutz und Urheberrecht
HGB	Handelsgesetzbuch
h. M.	herrschende Meinung
hrsg. v.	herausgegeben von
Hrsg.	Herausgeber
i. E.	im Ergebnis
i. S. d.	im Sinne der/des
i. V. m.	in Verbindung mit
JA	Juristische Arbeitsblätter
JR	Juristische Rundschau
JZ	Juristenzeitung
KG	Kommanditgesellschaft
MDR	Monatszeitschrift für Deutsches Recht
m. w. N.	mit weiteren Nachweisen
n. F.	neue Fassung
MüKo	Münchener Kommentar
NJW	Neue Juristische Wochenschrift
NJW-RR	Neue Juristische Wochenschrift Rechtsprechungs-Report
o. g.	oben Gesagten
OHG	Offene Handelsgesellschaft
OLG	Oberlandesgericht
RG	Reichsgericht
RGZ	Entscheidungen des Reichsgerichts in Zivilsachen
Rn.	Randnummer
RNotZ	Rheinische Notar-Zeitschrift
S.	Satz/Seite
sog.	sogenannt(e, en)
st. Rspr.	ständige Rechtsprechung
u.	und
u. a.	und andere/unter anderem
u. U.	unter Umständen
v.	vom/von
vgl.	vergleiche
WM	Zeitschrift für Wirtschafts- und Bankenrecht
z. B.	zum Beispiel

zit.	zitiert
ZEV	Zeitschrift für Erbrecht und Vermögensnachfolge
ZHR	Zeitschrift für das gesamte Handels- und Wirtschaftsrecht
ZGR	Zeitschrift für Unternehmens- und Gesellschaftsrecht

1. Kapitel: Einleitung

Oftmals besteht für den Testator[1] das praktische Bedürfnis einzelne Nachlassgegenstände bestimmten Miterben zuzuordnen. Dieses Bedürfnis steht in dem Konflikt mit dem im deutschen Erbrecht geltenden Grundsatz der Universalsukzession i. S. d. § 1922 I BGB, nach dem mit dem Tode einer Person deren Vermögen als Ganzes auf einen oder mehrere Erben übergeht. Angesichts dessen hält das Gesetz für den Erblasser verschiedene Möglichkeiten bereit, gleichwohl einzelne Vermögenswerte nach seinen Vorstellungen auf seine Erben bzw. Dritte zu verteilen. Zu nennen sind hierbei insbesondere Auseinandersetzungsanordnungen im Sinne des § 2048 BGB sowie Vermächtnisse gem. §§ 1939, 2147 ff. BGB.[2] Ausdrücklich regelt das Gesetz in § 2150 BGB dabei das sog. Vorausvermächtnis, mit welchem der Erblasser auch einem bedachten Erben ein Vermächtnis zukommen lassen kann. Häufig bestehen Schwierigkeiten darin festzustellen, welche der beiden vom Gesetz zur Verfügung gestellten Instrumentarien der Erblasser im Rahmen seiner letztwilligen Verfügung beabsichtigte. Konkret geht es um die Frage, ob der Erblasser über den Nachlassgegenstand in Gestalt einer Auseinandersetzungsanordnung oder aber per Vorausvermächtnis disponieren wollte.

Nicht immer ist es so, dass der von dem Erblasser verfügte Nachlassgegenstand in wirtschaftlicher Hinsicht im Einklang mit seiner getätigten Erbeinsetzung steht. Denkbar ist, dass der Erblasser bei Errichtung seiner letztwilligen Verfügung entweder überhaupt nicht in dem Bewusstsein handelte, dass ein Nachlassgegenstand wertmäßig die rechnerische Erbquote eines bedachten Erben übersteigt oder aber eine – ggf. unerwartete – Wertsteigerung des einzelnen Nachlassgegenstandes ebenfalls zu einer entsprechenden Abweichung führt. Auch ist es möglich, dass der Erblasser in Kenntnis der Differenz gleichwohl eine entsprechende Regelung für den einzelnen Nachlassgegenstand trifft.

In diesem Zusammenhang stellt sich die bislang nicht ausreichend erörterte Frage, ob dem Erblasser ipso iure mittels überquotaler Teilungsanordnung die Möglichkeit zusteht, einen Miterben zur Ausgleichszahlung aus seinem

---

1 Zur Sicherstellung eines angenehmen Leseflusses wird im Folgenden ausschließlich die maskuline Form verwendet.

2 Zutreffend insoweit Damrau/Tanck/*Rißmann*, § 2048 Rn. 1; unzutreffend Staudinger/*Löhnig*, § 2048 Rn. 1, der als einzige Möglichkeit die Auseinandersetzungsanordnung nach § 2048 BGB benennt.

Privatvermögen zu verpflichten. Dieser Frage wird im Rahmen einer umfassenden Prüfung möglicher Rechtsgrundlagen für eine etwaige Ausgleichspflicht nachgegangen.

Ausgangspunkt der Untersuchung ist die Ausarbeitung der erbrechtlichen Grundlagen, die für die hiesige Arbeit Relevanz haben. Hierbei wird insbesondere auf die Gestaltungsmittel der Auseinandersetzungsanordnung (inklusive der Teilungsanordnung), des Vermächtnisses (inklusive Vorausvermächtnis), der Auflage sowie der Übernahmerechte eingegangen. Zwingend erforderlich ist es dabei, die Begrifflichkeiten der Auseinandersetzungsanordnung und der Teilungsanordnung voneinander abzugrenzen, um sodann den Begriff der hiesigen Untersuchung, die sog. „überquotale Teilungsanordnung“, richtig zu verstehen. Hierbei geht der Verfasser auch auf die unterschiedliche Verwendung der Begrifflichkeit der „überquotalen Teilungsanordnung“ in der Fachliteratur ein und verschafft dem Begriff feste Konturen.

Zuletzt wird im erbrechtlichen Grundlagenteil die Auseinandersetzung der Erbengemeinschaft überblicksartig behandelt, da diese für die zu diskutierenden Anspruchsgrundlagen einer etwaigen Ausgleichspflicht Relevanz hat.

Dem erbrechtlichen Grundlagenteil schließt sich eine Behandlung zweier sich überschneidender Rechtsgebiete (dem Erbrecht und Gesellschaftsrecht) an, die sodann die Grundlage für eine intensive Untersuchung einer Ausgleichspflicht im Personengesellschaftsrecht bilden soll. Hintergrund dessen ist, dass auch die dort genannten Anspruchsgrundlagen im weiteren Verlauf der Untersuchung für die Ausgleichspflicht bei der überquotalen Teilungsanordnung in Betracht gezogen werden. Umfassend beleuchtet wird hierbei, ob ein Miterbe, der aufgrund einer qualifizierten Nachfolgeklausel in den Gesellschaftsanteil einer Personengesellschaft nachfolgt, den übrigen Miterben zu einem Ausgleich verpflichtet ist, wenn der Gesellschaftsanteil wertmäßig die Erbquote des eintretenden Miterben übersteigt. In der Rechtsprechung und Literatur wurden hier bereits eine Vielzahl von Anspruchsgrundlagen diskutiert. Da weiterhin jedoch Uneinigkeit über die einschlägige Anspruchsgrundlage herrscht, setzt sich diese Arbeit auch argumentativ mit den bisher geführten Diskussionen auseinander.

Sodann wird der bisherige Meinungsstand in der Literatur und Rechtsprechung zur Ausgleichspflicht im Falle der überquotalen Teilungsanordnung dargestellt, der dann im Folgenden einer eingehenden kritischen Würdigung unterzogen wird. Zunächst wird hierbei auf die von der Rechtsprechung geschaffene Figur der „wertverschiebenden Teilungsanordnung“ eingegangen, da Sachverhalte mit einer solchen Anordnung heute im Rahmen der überquotalen Teilungsanordnung zu diskutieren wären. Im Folgenden befasst sich der

Verfasser mit der Frage, ob die im Rahmen der qualifizierten Nachfolgeklausel angesprochenen Anspruchsgrundlagen für eine Ausgleichspflicht bei einer überquotalen Teilungsanordnung fruchtbar gemacht werden können, was in der Fachliteratur bereits andiskutiert, jedoch im Einzelnen nicht beleuchtet wurde. Des Weiteren wird untersucht, ob andere Wertungen der Rechtsordnung für die Anerkennung einer Ausgleichspflicht im Rahmen der überquotalen Teilungsanordnung sprechen. Zum Schluss dieses Kapitels widmet sich die Arbeit der Frage, ob das bislang in der Literatur vertretene Ergebnis im Hinblick auf die Rechtsfolge einer überquotalen Teilungsanordnung, nämlich deren Außerachtlassung bei Ablehnung einer freiwilligen Zahlung durch den bedachten Miterben, Zustimmung verdient.

Hierauf aufbauend befasst sich die Arbeit mit der Frage, ob dem Erblasser andere erbrechtliche Gestaltungsmittel zur Verfügung stehen, die dem Miterben eine (vergleichbare) Ausgleichspflicht auferlegen können. Dabei werden die jeweiligen Vor- und Nachteile der Gestaltungsoptionen beleuchtet.

Letztlich schließt die Arbeit mit einer Zusammenfassung der gefundenen Ergebnisse ab.

2. Kapitel: Erbrechtliche Grundlagen

I. Grundsatz der Universalsukzession, § 1922 BGB

Das deutsche Erbrecht ist geprägt von dem Grundsatz der Universalsukzession. Nach § 1922 I BGB geht das Vermögen einer Person mit dem Tode als Ganzes auf eine Person oder mehrere Personen über. Hinterlässt der Erblasser mehr als einen Erben, entsteht sowohl im Falle der gesetzlichen Erbfolge (§§ 1924 ff. BGB) als auch im Falle der gewillkürten Erbfolge (§§ 1937, 1941 BGB) eine Erbengemeinschaft, die das Vermögen des Erblassers gemeinschaftlich verwaltet (§ 2032 I BGB). Dem Erblasser steht grundsätzlich keine Möglichkeit zur Verfügung, den Grundsatz der Universalsukzession nicht gelten zu lassen. Der erste Entwurf zum BGB enthielt noch eine ausdrückliche Regelung, die die zwingende Geltung der Gesamtrechtsnachfolge verdeutlichte.[3] In der Folgezeit wurde jedoch wegen des überflüssigen und lehrhaften Charakters des Absatzes beantragt, den Absatz zu streichen, dem die Kommission schließlich nachkam, da die Geltung des Grundsatzes der Universalsukzession selbstverständlich sei und darüber hinaus auch in keinem anderen Gesetz eine vergleichbare Regelung existiere.[4] Im Rahmen der Vermögensübertragung von Todes wegen stehen dem Erblasser deshalb auch heute nur wenige Ausnahmen zur Verfügung, die ihm die Übertragung seines Vermögens per Sondererbfolge ermöglichen. Anerkannt sind etwa die Sondererbfolge eines Erben in den Gesellschaftsanteil einer Personengesellschaft[5] sowie der Eintritt in einen landwirtschaftlichen Betrieb des Erblassers.[6]

---

3 Dort hieß es in § 1749 II des Entwurfs: „*Der Uebergang des Vermögens als eines Ganzen (Erbfolge) kann von dem Erblasser nicht ausgeschlossen werden.*“, zit. nach *Mugdan* V, S. I.

4 Dies ergibt sich aus den Protokollen der Kommission für die zweite Lesung, S. 6574, zit. nach *Mugdan* V, S. 383; ungenau insoweit die Ausführung von BeckOGK BGB/*Preuß*, Stand: 01.11.2023, § 1922 Rn. 7, der die letztgenannten Gründe nicht nennt, sondern sich auf den lehrhaften und überflüssigen Normcharakter beschränkt.

5 Vgl. dazu 3. Kapitel.

6 Vgl. hierzu BeckOK BGB/*Müller-Christmann*, 68. Edition, Stand: 01.11.2023, § 1922 Rn. 97.

II. Einflussnahme des Erblassers auf die Verteilung seines Nachlasses

Gleichwohl bedeutet dies nicht, dass der Erblasser für die Zeit nach seinem Ableben keinerlei Einflussmöglichkeit auf die Verteilung seines Nachlasses hat. Vielmehr stehen diesem auch im Rahmen seiner letztwilligen Verfügung verschiedene Möglichkeiten zur Verfügung, auf die gegenständliche Verteilung seines Nachlasses Einfluss zu nehmen, wenngleich eine dingliche Zuordnung im Wege der Sondererbfolge nach dem eben Gesagten nur in eng begrenzten Ausnahmefällen möglich ist. Im Einzelnen kann der Erblasser für die Verteilung seiner Nachlassgegenstände insbesondere auf die Gestaltungsmittel der Auseinandersetzungsanordnungen[7] und Vermächtnisse zurückgreifen.

1. Auseinandersetzungsanordnungen, § 2048 S. 1 BGB

Das Gesetz bestimmt in § 2048 S. 1 BGB, dass der Erblasser durch letztwillige Verfügung Anordnungen für die Auseinandersetzung treffen kann. Vielfach wird aufgrund der amtlichen Überschrift des Gesetzes, die in § 2048 BGB von „Teilungsanordnungen" spricht, umgangssprachlich nur mit dieser Begrifflichkeit gearbeitet.[8] Aber auch Teile der Fachliteratur verwenden ausschließlich den Terminus der Teilungsanordnung für sämtliche von dem Erblasser möglichen Anordnungen i. R. d. § 2048 S. 1 BGB.[9] Zutreffender ist es jedoch von Auseinandersetzungsordnungen zu sprechen,[10] da sich Teilungsanordnungen begrifflich nur auf den Überschuss beziehen können, der gem. § 2047 I BGB nach Berichtigung der Nachlassverbindlichkeiten zu verteilen ist.[11] Eine Auseinandersetzungsanordnung umfasst hingegen auch solche Vorgänge, die der Verteilung des Überschusses vorausgehen, z. B. eine Anordnung dergestalt, welche Nachlassgegenstände zur Tilgung der Nachlassverbindlichkeiten genutzt werden sollen, sodass der Begriff der Auseinandersetzungsanordnung weitgehender als der Begriff der Teilungsanordnung ist.[12] Von diesem Verständnis ist auch

---

7 Genauer: Teilungsanordnungen, was im Folgenden zu zeigen sein wird.

8 MüKo BGB/*Fest*, § 2048 Rn. 2.

9 So z. B. BeckOK BGB/*Lohmann*, 68. Edition, Stand: 01.11.2023, § 2048 Rn. 2 und *Schlüter*, ErbR 2011, 233, 235 f.

10 Erman/*Bayer*, § 2048 Rn. 1; zutreffend ebenso *Muscheler*, § 50 Rn. 4000 und NK-BGB/*Eberl-Borges*, § 2048 Rn. 2, die insoweit von „eigentlichen Teilungsanordnungen" spricht.

11 MüKo BGB/*Fest*, § 2048 Rn. 2; *Lange/Kuchinke*, § 44 III 5 a).

12 *Lange/Kuchinke*, § 44 III 5 a).

bereits der historische Gesetzgeber ausgegangen. Den Motiven zum Bürgerlichen Gesetzbuch für das Deutsche Reich ist ausdrücklich zu entnehmen, dass von „Anordnungen“ und nicht „Theilungsanordnungen“ gesprochen wird, um unter der Begrifflichkeit auch solche Anordnungen zu erfassen, die sich gerade nicht auf die Teilung beziehen, sondern dieser vorausgehen.[13]

2. Teilungsanordnung

a. *Begrifflichkeit*

Eine Teilungsanordnung stellt also eine bestimmte Art einer Auseinandersetzungsanordnung i. S. d. § 2048 S. 1 BGB dar. Soweit von einer Teilungsanordnung gesprochen wird, handelt es sich dabei um eine Anordnung des Erblassers, die sich auf die Verteilung des verbleibenden Überschusses bezieht.[14] Die Teilungsanordnung kann dabei nur einzelne Nachlassgegenstände betreffen oder aber die gesamte Verteilung des Nachlasses zum Gegenstand haben.[15] Mit einer Teilungsanordnung bestimmt der Erblasser folglich, welche Nachlassgegenstände welcher Miterbe im Rahmen der Auseinandersetzung erhalten soll.[16]

b. *Normzweck*

Die dingliche Zuordnung einzelner Vermögensgegenstände ist dem deutschen Erbrecht aufgrund des dargelegten Grundsatzes der Universalsukzession grundsätzlich fremd. Mit § 2048 S. 1 BGB ermöglicht der Gesetzgeber dem Erblasser deshalb unter anderem eine gegenständliche Verteilung seines Nachlasses.[17] Diese Möglichkeit der Einflussnahme des Erblassers auf die Verteilung des Nachlasses ist Ausdruck seiner Testierfreiheit aus Art. 14 I GG.[18] Der Erblasser, der durch die Erbeinsetzung aktiv den Werdegang seines gesamten Vermögens per Erbeinsetzung bestimmen kann, muss gleichermaßen durch die ihm grundgesetzlich zugesicherte Testierfreiheit auch selbst bestimmen können, wie die von ihm eingesetzten Erben den Nachlass unter sich aufzuteilen haben.[19]

---

13 Motive S. 230, zit. nach *Mugdan* V, S. 121.

14 MüKo BGB/*Fest*, § 2048 Rn. 2.

15 NK-BGB/*Eberl-Borges*, § 2048 Rn. 2.

16 Horn/Kroiß/*Horn*, § 10 Rn. 5.

17 Burandt/Rojahn/*Flechtner*, § 2048 Rn. 1; MüKo BGB/*Fest*, § 2048 Rn. 1.

18 Burandt/Rojahn/*Flechtner*, a. a. O.; MüKo BGB/*Fest*, a. a. O.; NK-BGB/*Eberl-Borges*, § 2048 Rn. 2; Soergel/*Lettmaier*, 14. Aufl., § 2048 Rn. 1.

19 Soergel/*Lettmaier*, 14. Aufl., § 2048 Rn. 1.

Die Testierfreiheit des Erblassers ist ein Element der Erbrechtsgarantie des Art. 14 GG.[20] Das durch das Grundgesetz verankerte Erbrecht hat dabei die Funktion, dass das Privateigentum als Grundlage einer eigenverantwortlichen Lebensgestaltung des Erblassers mit dessen Tod nicht untergeht, sondern der Fortbestand im Wege der Rechtsnachfolge gewährleistet ist.[21] Die Rechtsprechung des Bundesverfassungsgerichts sieht in der Testierfreiheit ein durch Art. 14 I GG geschütztes Rechtsgut, das der Selbstbestimmung des Einzelnen im Rechtsleben dient.[22] Wie die Eigentumsgarantie genießt die Testierfreiheit als Sicherungselement der persönlichen Freiheit des Einzelnen besonders ausgeprägten Schutz durch die Verfassung.[23] Durch sie soll der sachliche Schutzbereich des Art. 14 I GG verwirklicht werden, namentlich dem Erblasser ermöglichen, sein Eigentum zu vererben.[24] Die Testierfreiheit dient also dem Schutz dieses Rechts auf Vererben.[25] Dem Erblasser soll mit der Testierfreiheit das Recht gewährt werden, sein Erbgut rechtlich und wirtschaftlich unter den von ihm bedachten Miterben nach seinen Vorstellungen zu verteilen.[26]

c. *Wirkung einer Teilungsanordnung*

Eine vom Erblasser verfügte Teilungsanordnung hat schon nach dem Willen des Gesetzgebers nur schuldrechtliche Wirkung.[27] Den Motiven der ersten Kommission ist zu entnehmen, dass der Erblasser obligatorisch wirkende Anordnungen treffen kann, die sich auf die Teilung des Nachlasses beziehen.[28] Dieser Meinung hat sich die Allgemeinheit angeschlossen.[29] Im Rahmen einer

---

20 BVerfG, Beschluss vom 03.11.1981 – 1 BvL 11/77, 1 BvL 85/78, 1 BvR 47/81, NJW 1982, 565, 567; in der Folgezeit als bestimmendes Element der Erbrechtsgarantie bezeichnet, vgl. BVerfG, Beschluss vom 16.10.1984 – 1 BvR 513/78, NJW 1985, 1455, 1455 und BVerfG, Beschluss vom 30.10.2010 – 1 BvR 3196/09 u. a., NJW 2011, 366, 367.

21 BVerfG, Beschluss vom 30.10.2010 – 1 BvR 3196/09, NJW 2011, 366, 367.

22 BVerfG, Beschluss vom 30.08.2000 – 1 BvR 2464/97, NJW 2001, 141, 141.

23 BVerfG, Beschluss vom 16.10.1984 – 1 BvR 513/78, NJW 1985, 1455, 1455.

24 BVerfG, Beschluss vom 30.10.2010 – 1 BvR 3196/09, NJW 2011, 366, 367.

25 BVerfG, Beschluss vom 28.10.1997 – 1 BvR 1644/94, NJW 1998, 743, 743.

26 BeckOK GG/*Axer*, Art. 14 Rn. 148.

27 Motive, S. 688, zit. nach *Horn*, Materialienkommentar Erbrecht, S. 396 Rn. 2.

28 Ebd.

29 BGH, Versäumnisurteil vom 17.04.2002 – IV ZR 226/00, NJW 2002, 2712, 2712; BeckOGK BGB/*Rißmann/Szalai*, Stand: 01.09.2023, § 2048 Rn. 6; BeckOK BGB/*Lohmann*, 68. Edition, Stand: 01.11.2023, § 2048 Rn. 1; Burandt/Rojahn/*Flechtner*, § 2048 Rn. 9; Erman/*Bayer*, § 2048 Rn. 9; Große-Wilde/Ouart/*Wrede*, § 2048

Auseinandersetzung des Nachlasses sind Teilungsanordnungen vorrangig vor den gesetzlichen Auseinandersetzungsregeln zu beachten.[30] Der Miterbe, der von einer Teilungsanordnung betroffen ist, wird durch diese nicht wertmäßig begünstigt, vielmehr hat er sich den Wert auf seinen Erbteil anzurechnen.[31] Durch die Teilungsanordnung entsteht für den betreffenden Miterben jedoch kein Sondererbrecht an den von der Teilungsanordnung umfassten Gegenständen.[32] Wenn der Erblasser also zu dem Gestaltungsmittel der Teilungsanordnung greift, begründet dies eine Verpflichtung der Miterben, den von der Teilungsanordnung erfassten Gegenstand im Sinne der Teilungsanordnung im Rahmen der Auseinandersetzung zu übertragen,[33] und zwar dergestalt, dass der von der Teilungsanordnung bedachte Miterbe von den übrigen Miterben eine inhaltliche Ausgestaltung des Auseinandersetzungsvertrags verlangen kann, die sich mit dem Regelungsgehalt der Teilungsanordnung deckt.[34] Inhaltlich kann die Teilungsanordnung dabei so ausgestaltet sein, dass eine Übernahmepflicht eines Miterben unter Anrechnung auf sein Erbteil besteht oder aber ihm ein Übernahmerecht eingeräumt wird.[35]

Rn. 6; Grüneberg/*Weidlich,* § 2048 Rn. 4; Jauernig/*Stürner,* § 2048 Rn. 1; jurisPK BGB/*Schütte,* § 2048 Rn. 20; *Muscheler,* § 50 Rn. 4001; MüKo BGB/*Fest*, § 2048 Rn. 9; NK-BGB/*Eberl-Borges,* § 2048 Rn. 5; Schulze/*Thomas Hoeren*, § 2048 Rn. 1; Soergel/*Lettmaier,* 14. Aufl., § 2048 Rn. 2; Staudinger/*Löhnig,* § 2048 Rn. 2.

30 BGH, Versäumnisurteil vom 17.04.2002 – IV ZR 226/00, NJW 2002, 2712, 2712; BeckOK BGB/*Lohmann*, a. a. O.; MüKo BGB/*Fest,* § 2048 Rn. 8; Soergel/*Lettmaier,* a. a. O.

31 Statt aller NK-BGB/*Eberl-Borges,* § 2048 Rn. 6.

32 MüKo BGB/*Fest,* § 2048 Rn. 9; NK-BGB/*Eberl-Borges,* § 2048 Rn. 5; Soergel/*Lettmaier,* a. a. O.

33 BeckOK BGB/*Lohmann*, 68. Edition, Stand: 01.11.2023, § 2048 Rn. 1; *Muscheler,* § 50 Rn. 4001.

34 *Muscheler,* a. a. O. Zu der Frage, ob aus der Teilungsanordnung selbst der Anspruch hergeleitet werden kann, vgl. unten 3. Kapitel III. 12. j. aa. (1).

35 BeckOGK BGB/*Rißmann/Szalai*, Stand: 01.09.2023, § 2048 Rn. 17 u. 33; BeckOK BGB/*Lohmann*, 68. Edition, Stand: 01.11.2023, § 2048 Rn. 2; *Eberl-Borges,* S. 61; *Lange/Kuchinke*, § 44 III 5 d) Fn. 125; MüKo BGB/*Fest,* § 2048 Rn. 9. Zum Übernahmerecht und seine Rechtsnatur sogleich unter 2. Kapitel II. 8. a.

3. Überquotale Teilungsanordnung

a. Begrifflichkeit

Soweit in der bisherigen Diskussion von einer überquotalen Teilungsanordnung gesprochen wird, werden dieser Begrifflichkeit verschiedene Bedeutungen zugewiesen. Zum Teil wird als überquotale Teilungsanordnung eine Teilungsanordnung verbunden mit einem Vorausvermächtnis verstanden, wobei das Vorausvermächtnis den wertmäßig überschießenden Teil zwischen dem zugewandten Gegenstand und der Erbquote erfassen soll.[36] Andere erfassen unter dem Begriff der überquotalen Teilungsanordnung den Fall, dass ein Erblasser einem Miterben einen Gegenstand zuweist, der wertmäßig über seiner Erbquote liegt, jedoch gerade nicht festzustellen ist, dass der Mehrwert im Wege des Vorausvermächtnisses zugewendet werden soll, sondern vielmehr ein Ausgleich zu erfolgen hat.[37]

b. Stellungnahme

Der Teilungsanordnung ist immanent, dass sie keine Begünstigung einzelner Miterben bezweckt, sondern vielmehr nur innerhalb der gesetzten Erbquote eine Verteilung einzelner Gegenstände durch den Erblasser ermöglicht. Der bedachte Miterbe, der im Wege der Teilungsanordnung einen Nachlassgegenstand nach dem Willen des Erblassers zugeordnet bekommt, hat sich den Wert des Nachlassgegenstandes nach unbestrittener Auffassung auf seinen Erbteil anrechnen zu lassen.[38] Dem widerspräche es, unter der Begrifflichkeit der überquotalen Teilungsanordnung Fälle zu erfassen, in denen der Erblasser den Mehrwert des zugewandten Gegenstandes mittels Vorausvermächtnisses übertragen will. Eine Teilungsanordnung, auch wenn sie überquotal ausgestaltet ist, setzt zwingend voraus, dass es zu keiner von den Erbquoten abweichenden wirtschaftlichen Beteiligung des Miterben kommt. Ob es dem Erblasser

---

36 Damrau/Tanck/*Rißmann*, § 2048 Rn. 7; Ebeling/Geck/*Klose*, § 6 Rn. 149; *Fischer*, ErbStB 2004, 395, 398; Hausmann/Hohloch/*Everts*, 10. Kapitel Rn. 10; *Horn/Kroiß*, ErbR 2014, 56, 57; Nieder/Kössinger/*R. Kössinger/Zintl*, § 15 Rn. 232 ff.; Rißmann/*Kurze*, S. 369 Rn. 95; *Sommer/Kerschbaumer*, ZEV 2004, 13, 14; Wiese/*Wenzel/Falkowski* Rn. 10.443.

37 Erman/*Bayer*, § 2048 Rn. 6; MüKo BGB/*Fest*, § 2048 Rn. 2; NK-BGB/*Eberl-Borges*, § 2048 Rn. 12; Soergel/*Lettmaier*, 14. Aufl., § 2048 Rn. 14; wohl auch Grüneberg/*Weidlich*, § 2048 Rn. 5.

38 Vgl. Fn. 31.

deshalb möglich ist, diese Teilungsanordnung überquotal mittels Ausgleichspflicht des Miterben auszugestalten, soll im Rahmen dieser Arbeit untersucht werden.

Den von der Gegenauffassung benannten Fall einer Kombination aus Teilungsanordnung und Vorausvermächtnis in Höhe des Mehrwertes ebenfalls als überquotale Teilungsanordnung zu erfassen, ist zu widersprechen, da tatsächlich – soweit ein entsprechender Begünstigungswille des Erblassers anzunehmen ist –[39] überhaupt keine über der Erbquote liegende Teilungsanordnung vorliegt, sondern vielmehr eine „normale", den Erbquoten entsprechende Teilungsanordnung nebst Vorausvermächtnis in Höhe des Mehrwertes.

Schon jetzt kann deshalb festgehalten werden, dass von einer überquotale Teilungsanordnung nur dann gesprochen werden kann, wenn der Erblasser dem Miterben einen Gegenstand zuweist, der wertmäßig seine Erbquote übersteigt, jedoch eine Begünstigung des betroffenen Miterben gerade nicht gewünscht ist.

4. Vermächtnis, § 1939 BGB

a. *Allgemeines*

Das Vermächtnis ermöglicht dem Erblasser gem. § 1939 BGB einem anderen einen Vermögensvorteil zuzuwenden. Wie sich aus § 2174 BGB ergibt, ist das Vermächtnis hierbei als schuldrechtliches Recht ausgestaltet, da durch die Aussetzung eines Vermächtnisses für den Bedachten nach dem ausdrücklichen Wortlaut des Gesetzes ein Forderungsrecht begründet wird. Inhalt eines Vermächtnisanspruchs kann dabei alles sein, was eine Leistung darstellen kann, insbesondere die Zuwendung einer Sache.[40] Anders als eine Teilungsanordnung wird das Vermächtnis nicht erst im Rahmen der Erbauseinandersetzung, sondern bereits vorher relevant: Grundsätzlich erfolgt der Anfall des Vermächtnisses mit dem Erbfall (vgl. §§ 2176, 1922 I BGB), sodass der Vermächtnisnehmer bei Fälligkeit, die mangels abweichender Regelungen des Erblassers ebenfalls mit dem Anfall anzunehmen ist, die Erfüllung des Vermächtnisanspruchs von dem Beschwerten verlangen kann.[41]

---

39 Zur Abgrenzung zwischen Teilungsanordnung und Vorausvermächtnis sogleich unter 2. Kapitel II. 6.

40 BeckOGK BGB/*Schellenberger*, Stand: 01.10.2023, § 2174 Rn. 22; Burandt/Rojahn/*Große-Boymann*, § 1939 Rn. 2.

41 Nieder/Kössinger/*R. Kössinger*, § 9 Rn. 14 f.

b. Vorausvermächtnis

Beim sogenannten Vorausvermächtnis handelt es sich nach der Legaldefinition des Gesetzes gem. § 2150 BGB um ein Vermächtnis, das einem Erben zugewandt ist. Im Hinblick auf den Gegenstand des Vorausvermächtnisses unterscheidet sich dieses nicht von einem Vermächtnis, d. h. jedweder Gegenstand, der mittels eines Vermächtnisses zugewendet werden kann, kann gleichermaßen als Vorausvermächtnis i. S. d. § 2150 BGB einem Erben zugewendet werden.[42]

5. Unterschiede zwischen Teilungsanordnung und Vorausvermächtnis

Eine Teilungsanordnung und ein Vorausvermächtnis unterscheiden sich in vielerlei Hinsicht, wobei auf die wesentlichen Unterschiede im Einzelnen eingegangen werden soll:

a. Fälligkeit

Eine Teilungsanordnung und ein Vorausvermächtnis werden – wie bereits angedeutet – zu unterschiedlichen Zeitpunkten fällig. Der mit dem Vorausvermächtnis bedachte Miterbe kann die Erfüllung des Vorausvermächtnisses nach allgemeiner Meinung bereits vor der Auseinandersetzung im Wege der Gesamthandsklage nach § 2059 II BGB verlangen,[43] soweit der Erblasser keine abweichende Anordnung im Hinblick auf die Fälligkeit getroffen hat.[44] Die Teilungsanordnung hat jedoch erst im Rahmen der Auseinandersetzung der Erbengemeinschaft Relevanz.[45]

---

42 BeckOGK BGB/*Hölscher*, Stand: 01.09.2023, § 2150 Rn. 4.

43 OLG Frankfurt, Urteil vom 05.02.1999 – 25 U 156/98 Rn. 48, zit. nach juris; BeckOGK BGB/*Hölscher*, Stand: 01.09.2023, § 2150 Rn. 21; Burandt/Rojahn/*Burandt*, § 2150 Rn. 10; Erman/*Nobis*, § 2150 Rn. 3; *Loritz*, NJW 1988, 2697, 2699; MüKo BGB/*Rudy*, § 2150 Rn. 9; *Muscheler*, ErbR 2008, 105, 106; NK-BGB/*Eberl-Borges*, § 2048 Rn. 13; NK-BGB/*Horn*, § 2150 Rn. 1; Soergel/*Ludyga*, 14. Aufl. § 2150 Rn. 2.

44 MüKo BGB/*Rudy*, § 2176 Rn. 4; Horn/Kroiß/*Horn*, § 10 Rn. 5.

45 Vgl. 2. Kapitel III. 4.

b. Anrechnung

Neben dem bereits genannten Unterschied im Hinblick auf die Fälligkeit, unterscheidet sich ein Vorausvermächtnis von einer Teilungsanordnung auch grundlegend dadurch, dass das Vorausvermächtnis grundsätzlich zu einer wirtschaftlichen Privilegierung des begünstigten Miterben führt.[46] Die Teilungsanordnung als solche führt hingegen zu keiner Bevorzugung des bedachten Erben.[47] Vielmehr hat sich der mit der Teilungsanordnung bedachte Miterbe den ihm zugewiesenen Wert auf seinen Erbteil anrechnen zu lassen.[48] Nur mittels Vorausvermächtnis kann der bedachte Miterbe also gegenüber den übrigen Miterben wirtschaftlich besser gestellt werden.[49]

c. Vertragsmäßige bzw. wechselbezügliche Verfügung

Weiterhin kann das Vorausvermächtnis anders als eine Teilungsanordnung gem. §§ 2278 II, 2270 III BGB als vertragsmäßige bzw. wechselbezügliche Verfügung angeordnet werden,[50] weshalb nur der Vermächtnisnehmer insoweit den Schutz nach den §§ 2287, 2288 BGB genießt.[51] Der Vermächtnisnehmer ist wegen § 2288 BGB deshalb auch schon für den Zeitraum vor dem Erbfall vor nachteiligen Veräußerungen oder Belastungen geschützt.

d. Vor- und Nacherbschaft

Der Gegenstand des Vorausvermächtnisses unterfällt wegen § 2110 II BGB grundsätzlich nicht dem Recht des Nacherben, der Gegenstand der Teilungsanordnung hingegen schon.[52] Der Vorerbe darf also den per Vorausvermächtnis vermachten Gegenstand regelmäßig behalten; im Falle einer Teilungsanordnung besteht hingegen die Herausgabepflicht nach § 2130 BGB.[53]

---

46 BeckOGK BGB/*Hölscher*, Stand: 01.09.2023, § 2150 Rn. 6; NK-BGB/*Eberl-Borges*, § 2048 Rn. 11.

47 *Coing*, JZ 1962, 529, 530; NK-BGB/*Eberl-Borges*, a. a. O.

48 Vgl. Fn. 31.

49 BeckOGK BGB/*Hölscher*, Stand: 01.09.2023, § 2150 Rn. 6.

50 NK-BGB/*Eberl-Borges*, § 2048 Rn. 13.

51 Erman/*Bayer*, § 2048 Rn. 7; Staudinger/*Otte*, § 2150 Rn. 23.

52 *Coing*, JZ 1962, 529, 530; NK-BGB/*Eberl-Borges*, § 2048 Rn. 13.

53 Soergel/*Lettmaier*, 14. Aufl., § 2048 Rn. 16.

e. *Nachlassinsolvenz und Haftung*

Zudem ergeben sich Unterschiede im Hinblick auf eine etwaige Nachlassinsolvenz sowie die Haftungsfolgen. Der Vermächtnisnehmer hat mit seinem Vermächtnisanspruch einen besseren Rang als der Miterbe mit seiner Auseinandersetzungsforderung.[54] Im Falle der beschränkten Erbenhaftung gehört der per Teilungsanordnung zugewiesene Gegenstand zur Haftungsmasse, der per Vorausvermächtnis bereits verschaffte Gegenstand hingegen nicht.[55]

f. *Ausschlagungsmöglichkeit*

Letztlich hat der Vermächtnisnehmer nach § 2180 BGB die Möglichkeit das Vermächtnis auszuschlagen. Eine isolierte Ausschlagung der Teilungsanordnung ist hingegen nicht möglich.[56] Sie steht und fällt vielmehr mit der Erbeinsetzung.[57]

6. Abgrenzung zwischen Teilungsanordnung und Vorausvermächtnis

Wegen der erheblichen Unterschiede besteht ein praktisches Bedürfnis einer Abgrenzung der beiden letztwilligen Verfügungen. Die Abgrenzung zwischen einer Teilungsanordnung und einem Vorausvermächtnis bereitet dabei oftmals Schwierigkeiten. Nicht zuletzt herrscht schon seit Einführung des Bürgerlichen Gesetzbuches Streit darüber, wie die beiden erbrechtlichen Gestaltungsmittel voneinander abzugrenzen sind.[58] Problematisch ist die Abgrenzung insbesondere deshalb, weil sie augenscheinlich zu dem wirtschaftlich selben Ergebnis führen: die Zuweisung eines bestimmten Nachlassgegenstandes an einen Miterben.[59]

a. *Entwicklung in der Rechtsprechung*

Die Rechtsprechung zur Abgrenzung zwischen Teilungsanordnung und Vorausvermächtnis hat sich über die Jahre hinweg entwickelt.[60] Zu Beginn stellte

---

54 Damrau/Tanck/*Rißmann*, § 2048 Rn. 22; Soergel/*Lettmaier*, 14. Aufl., § 2048 Rn. 16.
55 Soergel/*Lettmaier*, 14. Aufl., § 2048 Rn. 16.
56 NK-BGB/*Eberl-Borges*, § 2048 Rn. 13.
57 Damrau/Tanck/*Rißmann*, § 2048 Rn. 22; Horn/Kroiß/*Horn*, § 10 Rn. 8.
58 Hierauf weist *Loritz*, NJW 1988, 2697, 2697 hin.
59 *Coing*, JZ 1962, 529, 530.
60 Vgl. hierzu insbesondere die überblicksartige Darstellung in BGH, Urteil vom 08.11.1961 – V ZR 31/60, NJW 1962, 343, 344.

die Rechtsprechung bei der Abgrenzung darauf ab, ob der von der letztwilligen Verfügung erfasste Gegenstand auf die Erbquote angerechnet werden sollte – für diesen Fall nahm sie eine Teilungsanordnung an – oder aber die Anrechnung unterbleiben soll, was zur Annahme eines Vorausvermächtnisses führte.[61] Dieses Unterscheidungsmerkmal hat der Bundesgerichtshof im Jahr 1961 aufgegeben und erstmals für die Abgrenzung zwischen Vorausvermächtnis und Teilungsanordnung darauf abgestellt, ob der Erblasser den Miterben mit der Zuwendung begünstigen wollte, mithin als Abgrenzungsmerkmal den Begünstigungswillen verwendet.[62] Für den Fall, dass der Miterbe einen Vermögensvorteil gegenüber den anderen Miterben erhalten soll, läge ein Vorausvermächtnis vor, andernfalls eine Teilungsanordnung.[63] Die Teilungsanordnung sei – anders als die Rechtsinstitute der Erbeinsetzung und der Vermächtnisse – gerade nicht für die wertmäßige Gewichtsverteilung der Miterben untereinander relevant.[64]

Das Abgrenzungskriterium des Begünstigungswillens bestätigte der Bundesgerichtshof in einer weiteren Entscheidung aus dem Jahr 1994, stellte jedoch klar, dass auch andere Umstände bei der Beurteilung zu berücksichtigen seien, insbesondere, ob ein von der Erbeinsetzung unabhängiger Geltungsgrund bestehe.[65] Allein das Fehlen einer wertmäßigen Begünstigung bedeute deshalb nicht, dass die Annahme eines Vermächtnisses ausscheide.[66]

b. Heutige Abgrenzungskriterien

Die Abgrenzung zwischen Teilungsanordnung und Vorausvermächtnis erfolgt auch heute nach überwiegender Auffassung vorrangig nach dem Vorhandensein eines sog. Begünstigungswillens.[67] Für die Annahme eines

---

61 BGH, Urteil vom 08.11.1961 – V ZR 31/60, NJW 1962, 343, 344 mit Verweis auf die Rechtsprechung des Reichsgerichts und des Obergerichtshofs für die britische Zone, Urteil vom 22.09.1948 – II ZS 35/48 (ZS 35/48), NJW 1947/1948, 690 f.

62 BGH, Urteil vom 08.11.1961 – V ZR 31/60, NJW 1962, 343, 344.

63 Ebd.

64 Ebd.

65 BGH, Urteil vom 07.12.1994 – IV ZR 281/93, NJW 1995, 721, 721.

66 Ebd.

67 BGH, Urteil vom 15.10.1997 – IV ZR 327/96, NJW 1998, 682, 682; OLG Hamm, Urteil vom 16.03.2021 – 10 U 35/20, RNotZ 2021, 535, 537 Rn. 17; OLG Koblenz, Urteil vom 13.10.2005 – 5 U 451/05, NJW-RR 2005, 1601, 1602; OLG München, Hinweisbeschluss vom 29.08.2018 – 8 U 3464/17, BeckRS 2018, 20681 Rn. 14; BeckOK BGB/*Lohmann,* 68. Edition, Stand: 01.11.2023, § 2048 Rn. 4; *Brox*, ErbR, § 31 Rn. 14; Damrau/Tanck/*Rißmann*, § 2048 Rn. 5; Grüneberg/*Weidlich,* § 2048 Rn. 6; *Lange*, ErbR, § 31 Rn. 12a; *Lange/Kuchinke*, § 29 V 1; MüKo BGB/*Fest,* § 2048

Vorausvermächtnisses kommt es also darauf an, ob der Erblasser den Miterben mit der Zuwendung des Gegenstandes wertmäßig begünstigen wollte.[68] Dieser Begünstigungswille liegt nach Stimmen in der Literatur nahe, wenn der Erblasser bei der Verfügung den Mehrwert des zugewandten Gegenstandes kannte.[69]

7. Kumulation von Teilungsanordnung und Vorausvermächtnis

Von der Frage der Abgrenzung der beiden Gestaltungsmittel ist die Frage zu trennen, ob ein und dieselbe letztwillige Verfügung des Erblassers zugleich Teilungsanordnung und auch Vorausvermächtnis sein kann.

Unproblematisch kann eine Teilungsanordnung neben einem Vorausvermächtnis als zwei eigenständige Verfügungen vorliegen.[70]

a. Meinungsstand

Es wird in Rechtsprechung und Literatur vertreten, dass ein und dieselbe Verfügung Teilungsanordnung und Vorausvermächtnis zugleich sein kann.[71]

Das wird zum Teil kritisiert.[72] Teilweise wird angeführt, dass die ungleichartigen Rechtsfolgen zwischen Teilungsanordnung und Vorausvermächtnis

---

Rn. 19; Prütting/Wegen/Weinreich/*Zimmer*, § 2048 Rn. 14; *Schlinker*, JR 2010, 93, 93; Staudinger/*Löhnig*, § 2048 Rn. 19; a. A. *Muscheler*, ErbR 2008, 105, 109, der maßgeblich auf die gewünschten Rechtsfolgen des Erblassers abstellen möchte; ähnlich *Loritz*, NJW 1988, 2697, 2703 ff.; unklar Erman/*Bayer*, § 2048 Rn. 6, der ebenfalls einen Abgleich zwischen der Zielsetzung des Erblassers und den unterschiedlichen Rechtsfolgen zwischen Teilungsanordnung und Vorausvermächtnis befürwortet, jedoch gleichzeitig den Begünstigungswillen als entscheidendes Kriterium betitelt.

68 BGH, Urteil vom 15.10.1997 – IV ZR 327/96, NJW 1998, 682, 682.

69 BeckOK BGB/*Lohmann*, 68. Edition, Stand: 01.11.2023, § 2048 Rn. 4; Erman/*Bayer*, § 2048 Rn. 6.

70 *Lange/Horn*, ZEV 2021, 1, 3; Nieder/Kössinger/*R. Kössinger/Zintl*, § 15 Rn. 232.

71 BGH, Urteil vom 27.06.1990 – IV ZR 104/89, NJW-RR 1990, 1220, 1221; OLG Saarbrücken, Beschluss vom 06.03.2018 – 5 W 11/18, BeckRS 2018, 3914 Rn. 12; OLG Hamburg, Urteil vom 22.12.2016 – 2 U 10/16, ZEV 2017, 458, 458 Rn. 20; BeckOK BGB/*Müller-Christmann*, 68. Edition, Stand: 01.08.2023, § 2150 Rn. 11; Burandt/Rojahn/*Burandt*, § 2150 Rn. 7; Damrau/Tanck/*Rißmann*, § 2150 Rn. 7; Erman/*Nobis*, § 2150 Rn. 6; Frieser/*Tschichoflos*, § 2048 Rn. 14; Grüneberg/*Weidlich*, § 2048 Rn. 6; MüKo BGB/*Rudy*, § 2150 Rn. 8; NK-BGB/*Eberl-Borges*, § 2048 Rn. 10; Soergel/*Lettmaier*, 14. Aufl., § 2048 Rn. 14.

72 BeckOGK BGB/*Hölscher*, Stand: 01.09.2023, § 2150 Rn. 14.1; *Coing*, JZ 1962, 529, 533; *Gergen*, ZErb 2006, 362, 364; *Lange/Horn*, ZEV 2021, 1, 2; *Lange/Kuchinke*,

eine klare Abgrenzung erfordern.[73] Dabei wird insbesondere darauf hingewiesen, dass die Zulässigkeit einer Kumulation zu praktischen Schwierigkeiten führe: Problematisch sei, dass die Teilungsanordnung erst im Rahmen der Auseinandersetzung der Erbengemeinschaft relevant wäre, der Mehrwert jedoch als Vorausvermächtnis schon vorher und unabhängig von der Erbauseinandersetzung verlangt werden könne.[74] Zudem bestünde das Problem, dass der Wert des einzelnen Erbteils vor der Erbauseinandersetzung nicht abschließend bestimmbar sei, sodass auch die Höhe des Vorausvermächtnisses nicht verbindlich festgelegt werden könne.[75] Vereinzelt wird in der Anerkennung einer Teilungsanordnung und eines Vorausvermächtnisses im Sinne einer einzigen Verfügung auch eine neue letztwillige Verfügung gesehen, was gegen den numerus clausus der letztwilligen Verfügungen verstoße.[76]

b. Stellungnahme

Die Rechtsfolgen zwischen einer Teilungsanordnung und einem Vorausvermächtnis unterscheiden sich erheblich. Bereits im Hinblick auf die Fälligkeit ergibt sich die Problematik, dass das Vorausvermächtnis nach §§ 2174, 2176, 271 BGB schon mit Anfall des Vermächtnisses, d. h. regelmäßig mit dem Erbfall fällig wird, wohingegen die Teilungsanordnung erst im Rahmen der Erbauseinandersetzung relevant wird. Soweit nun vertreten wird, dass eine einzige Anordnung des Erblassers bezüglich eines Nachlassgegenstandes sowohl Teilungsanordnung als auch Vorausvermächtnis zugleich sein kann, führt dies – ohne besondere Anordnungen des Erblassers im Hinblick auf die Fälligkeit – zu kaum lösbaren Problemen. Zutreffend wird insoweit bei dem von dem Bundesgerichtshof zu entscheidenden Fall darauf hingewiesen, dass der Mehrwert des Nachlassgegenstandes, den das Vorausvermächtnis erfassen soll, erst im Rahmen der Erbauseinandersetzung festgelegt werden kann.[77] Das steht im Widerspruch zu der eigentlich vorherigen Fälligkeit des Vorausvermächtnisses.

V § 29 S. 642; Nieder/Kössinger/*R. Kössinger/Zintl*, § 15 Rn. 232; Staudinger/*Otte*, § 2150 Rn. 23.

73 *Coing*, JZ 1962, 530, 531; *Gergen*, ZErb 2006, 362, 364; *Lange/Kuchinke*, § 29 V S. 641 f.; Staudinger/*Otte*, § 2150 Rn. 23.

74 *Lange/Horn*, ZEV 2021, 1, 2.

75 Ebd.

76 Ebd.

77 So *Lange/Horn*, ZEV 2021, 1, 2.

Soweit gegen die unterschiedlichen Rechtsfolgen vereinzelt vorgebracht wird, dass wie bei einem gemischten Vertrag schlicht das Recht zur Anwendung gelangen soll, das nach dem Willen des Erblassers das geeignetere ist,[78] so wird hiergegen zutreffend eingewandt, dass aufgrund der Vielzahl der unterschiedlichen Rechtsfolgen die Problematik nur auf die Rechtsfolgenseite verschoben werden würde und eine rechtssichere Gestaltung mithin fraglich wäre.[79] Einer pauschalen Annahme, dass der Erblasser immer die Anwendung des Vermächtnisrechts wegen der stärkeren Rechtsstellung des Bedachten bevorzuge, ist aufgrund der Vielzahl der denkbaren Einzelfälle zu widersprechen.[80] Vor diesem Hintergrund kann eine einzige Anordnung des Erblassers nicht zugleich Teilungsanordnung und Vorausvermächtnis sein.

8. Übernahmerechte

Der Erblasser hat darüber hinaus die Möglichkeit, in seiner letztwilligen Verfügung ein Übernahmerecht vorzusehen. Umstritten ist, wie ein Übernahmerecht rechtlich zu qualifizieren ist, was jedoch für die Anordnung eines entsprechenden Übernahmerechts Bedeutung haben kann. Das insbesondere deshalb, weil zwischen Vorausvermächtnis und Teilungsanordnung – wie gezeigt – erhebliche Unterschiede in der Rechtsfolge bestehen.

Einigkeit besteht insoweit, dass es dem Erblasser möglich ist, ein entsprechendes Übernahmerecht in seiner letztwilligen Verfügung vorzusehen.[81] Unbestritten ist auch, dass der Erblasser hierbei den Übernahmepreis festlegen kann.[82] In solch einem Fall hängt der Anspruch auf Übertragung des

---

78 So *Mattern,* DNotZ, 1963, 450, 463.

79 *Gergen,* ZErb 2006, 362, 364.

80 Dafür spricht sich *Mattern,* DNotZ, 1963, 450, 463 jedoch aus.

81 BeckOGK/*Rißmann/Szalai*, Stand: 01.09.2023, § 2048 Rn. 17; BeckOK BGB/*Lohmann*, 68. Edition, Stand: 01.11.2023, § 2048 Rn. 2; Burandt/Rojahn/*Flechtner*, § 2048 Rn. 11; *Coing,* JZ 1962, 529, 531; Damrau/Tanck/*Rißmann*, § 2048 Rn. 11 und 42; Grüneberg/*Weidlich;* § 2048 Rn. 9; jurisPK BGB/*Schütte,* § 2048 Rn. 9; MüKo BGB/*Fest*, § 2048 Rn. 10; NK-BGB/*Eberl-Borges,* § 2048 Rn. 6; Nieder/Kössinger/*R. Kössinger/Zintl,* § 15 Rn. 243 ff.; Schulze/*Thomas Hoeren,* § 2048 Rn. 3; Soergel/*Lettmaier,* 14. Aufl., § 2048 Rn. 6; Staudinger/*Löhnig,* § 2048 Rn. 11.

82 BeckOGK/*Rißmann/Szalai*, a. a. O.; BeckOK BGB/*Lohmann*, a. a. O.; *Coing*, a. a. O.; Damrau/Tanck/*Rißmann*, § 2048 Rn. 42; Grüneberg/*Weidlich*, a. a. O.*; Grunsky,* JZ 1963, 250, 252; jurisPK BGB/*Schütte,* § 2048 a. a. O.; Staudinger/*Löhnig,* a. a. O.

betreffenden Gegenstandes davon ab, dass der privilegierte Miterbe mittels Gestaltungserklärung von seinem Übernahmerecht Gebrauch macht.[83]

a. Rechtsnatur

Nach einer Ansicht in der Literatur kann das Übernahmerecht sowohl als Teilungsanordnung als auch als Vorausvermächtnis zu qualifizieren sein.[84] Was im Einzelfall vorliegt, hängt davon ab, ob der Erblasser den Miterben wertmäßig begünstigen wollte,[85] sodass insoweit auf die Abgrenzung zwischen Teilungsanordnung und Vorausvermächtnis verwiesen werden kann.[86]

Die herrschende Ansicht hingegen ordnet das Übernahmerecht – soweit es einem Miterben zugewendet ist – stets als Vorausvermächtnis ein.[87] Begründet wird dies damit, dass ein Vorausvermächtnis dann vorliegt, wenn dem Bedachten ein wertmäßiger oder sonst rechtlicher Vorteil zugewandt werden soll, was bei der Einräumung eines Übernahmerechts der Fall sei.[88] Der für das Vermächtnis erforderliche Vorteil ist bei der Einräumung eines Übernahmerechts darin zu sehen, dass der bedachte Miterbe entscheiden kann, ob er von seinem möglichen Übertragungsanspruch mittels Gestaltungserklärung Gebrauch macht, mithin ihm eine Wahlmöglichkeit zusteht, die die anderen Miterben nicht haben.[89] Dieser kann nämlich wählen, ob er von dem Übernahmerecht Gebrauch macht und die Konditionen des Erblassers akzeptiert oder er aber auf die Ausübung seines Gestaltungsrechts verzichtet und vorzugsweise eine nach den gesetzlichen Vorschriften ablaufende Auseinandersetzung wählt.[90] Eine Teilungsanordnung hingegen wäre für den Bedachten bindend, insbesondere müsste der bedachte Miterbe einem entsprechenden Auseinandersetzungsvertrag zustimmen und hätte kein Anrecht auf einen anderen als den nicht

---

83 MüKo BGB/*Fest,* § 2048 Rn. 11; NK-BGB/*Eberl-Borges,* § 2048 Rn. 6; Staudinger/*Löhnig,* § 2048 Rn. 11.

84 Grüneberg/*Weidlich,* § 2048 Rn. 9; MüKo BGB/*Fest,* § 2048 Rn. 11; *Ruhwinkel,* Rn. 666.0.

85 MüKo BGB/*Fest,* § 2048 Rn. 11; *Ruhwinkel,* a. a. O.

86 Dazu bereits unter 2. Kapitel II. 6.

87 *Coing,* JZ 1962, 529, 532; Erman/*Bayer,* § 2048 Rn. 6; *Mattern,* DNotZ 1963, 450, 460; NK-BGB/*Eberl-Borges,* § 2048 Rn. 11; Soergel/*Lettmaier,* 14. Aufl., § 2048 Rn. 15; Staudinger/*Otte,* § 2150 Rn. 18; ebenso MüKo BGB/*Rudy,* § 2150 Rn. 7, der in der Erwerbsmöglichkeit einen Vermögensvorteil gegenüber den Miterben sieht.

88 NK-BGB/*Eberl-Borges,* § 2048 Rn. 11.

89 *Coing,* JZ 1962, 529, 532; Staudinger/*Otte,* § 2150 Rn. 18.

90 *Coing,* JZ 1962, a. a. O.

gewollten Nachlassgegenstand.[91] Der Annahme dieses für das Vermächtnis konstitutiven Vorteils steht nicht entgegen, dass sich ggf. ein weiterer Vermögensvorteil dadurch realisiert, indem der Erblasser einen Übernahmepreis festlegt, der deutlich unter dem wirklichen Wert des Nachlassgegenstandes liegt.[92]

Letztlich wird auch vertreten, dass die Einräumung eines Übernahmerechts unter Anrechnung auf den Verkehrswert des Nachlassgegenstandes grundsätzlich als Teilungsanordnung zu werten sei.[93] Der Vertreter dieser Auffassung geht davon aus, dass ein Vermögensvorteil i. S. d. Vermächtnisses nur dann angenommen werden könne, wenn der bedachte Miterbe durch die Zuweisung auch wirtschaftlich bessergestellt wird.[94] Das ergebe sich bereits aus dem Wortlaut des § 1939 BGB, der von einem Vermögensvorteil spricht.[95] Ein Vermögensvorteil könne aber dann nicht vorliegen, wenn der von dem Übernahmerecht betroffene Miterbe hierfür einen Übernahmepreis zahle, der dem Verkehrswert entspräche.[96] Zudem spräche die Typizität der Teilungsanordnung dafür, dass – in dem Falle einer vollständigen Gegenleistung in Höhe des Verkehrswertes (sei es durch Anrechnung, sei es durch Ausgleichungszahlungen) – von einer Teilungsanordnung auszugehen sei.[97] Die lediglich rechtliche Besserstellung durch die Einräumung des Wahlrechts genüge für die Annahme eines Vorausvermächtnisses nicht.[98] Die Auffassung, die stets ein Vorausvermächtnis wegen der eingeräumten Wahlmöglichkeit im Rahmen eines Übernahmerechts annehmen will, würde zu dem Ergebnis führen, dass auch dann, wenn der Übernahmepreis über dem wirklichen Wert des zugewandten Nachlassgegenstandes liege, ein Vorausvermächtnis anzunehmen wäre.[99] Der Vertreter dieser Auffassung möchte ein Vorausvermächtnis jedoch auch bei fehlender wirtschaftlicher Begünstigung annehmen, wenn dies aufgrund teleologischer Erwägungen geboten erscheint.[100]

---

91 Staudinger/*Otte*, § 2150 Rn. 18.

92 *Coing*, JZ 1962, 529, 532.

93 *Eidenmüller*, JA 1991, 150, 153, der bei Fehlen eines objektiven Vermögensvorteils nur aufgrund teleologischer Überlegungen ein Vorausvermächtnis annehmen möchte, jedoch grundsätzlich von einer Teilungsanordnung ausgeht.

94 *Eidenmüller*, JA 1991, 150, 152.

95 Ebd.

96 Ebd.

97 Ebd.

98 *Eidenmüller*, JA 1991, 150, 153.

99 Das stellt *Grunsky*, JZ, 1963, 250, 251 bereits fest.

100 *Eidenmüller*, a. a. O.

b. Stellungnahme

Die Implementierung eines Übernahmerechts innerhalb einer letztwilligen Verfügung hat zur Folge, dass der bedachte Miterbe mittels Gestaltungserklärung zwischen zwei unterschiedlichen Wegen wählen kann: Entweder er akzeptiert die von dem Erblasser eröffnete Übernahmemöglichkeit zu den genannten Konditionen oder aber er entscheidet sich gegen die Ausübung seines Wahlrechts, was dann zu einer Auseinandersetzung führt, die nach den gesetzlichen Regelungen oder – soweit möglich – einer Vereinbarung der Miterben stattzufinden hat.[101]

Soweit argumentiert wird, dass die Annahme eines Vorausvermächtnisses zwingend eine wirtschaftliche Besserstellung erfordere, so ist dem entgegenzuhalten, dass hierdurch die Testierfreiheit des Erblassers im Hinblick auf Leistungen mit ideellem Wert auf nicht nachvollziehbare Weise eingeschränkt wird.[102] Die starre Lösung über die Annahme einer Teilungsanordnung versagt zudem, wenn es sich bei der bedachten Person um keinen Erben handelt.[103] Das überzeugt deshalb nicht, weil die Annahme eines Vermächtnisses nicht von der Erbenstellung des Bedachten abhängen kann.[104]

Letztlich muss sich die Ansicht, die grundsätzlich von einer Teilungsanordnung ausgeht, jedoch im Wege teleologischer Betrachtung gleichwohl zu einem Vorausvermächtnis gelangen kann,[105] den Vorwurf gefallen lassen, dass die hier vorgenommene – an den Rechtsfolgen orientierte – Betrachtung zu erheblicher Rechtsunsicherheit führt. Das steht im Widerspruch mit der nunmehr jahrelang praktizierten Rechtsanwendung, die die Annahme eines Vorausvermächtnisses insbesondere von dem Begünstigungswillen des Erblassers abhängig macht.

Allein aus Gründen der Rechtssicherheit ist deshalb primär der Begünstigungswille des Erblassers in den Vordergrund zu stellen: Soweit dieser einen Miterben mit dem Wahlrecht privilegieren wollte, ist deshalb von einem Vorausvermächtnis und nicht einer Teilungsanordnung auszugehen.

Hieran ändert auch nichts, dass sich u. U. das von dem Bedachten ausgeübte Wahlrecht als unwirtschaftlich herausstellt. Denn Anknüpfungspunkt des

---

101 Zur Auseinandersetzung der Erbengemeinschaft sogleich unter 2. Kapitel III.

102 Das hat Staudinger/*Otte*, § 1939 Rn. 8 bereits zutreffend festgestellt.

103 Staudinger/*Otte*, § 1939 Rn. 9.

104 Ebd.

105 So *Eidenmüller*, JA 1991, 150, 153.

Begünstigungswillens ist eben nicht der zugewendete Gegenstand als solcher, sondern die Einräumung des Wahlrechts.

Vor diesem Hintergrund ist die Einräumung eines Übernahmerechts als Vorausvermächtnis zu qualifizieren.

III. Auseinandersetzung der Erbengemeinschaft

Nach der herrschenden Auffassung ist die Erbengemeinschaft nicht auf ein dauerndes Bestehen, sondern auf Auflösung angelegt.[106] § 2042 I BGB bestimmt insoweit, dass jeder Miterbe grundsätzlich jederzeit die Auseinandersetzung der Miterbengemeinschaft verlangen kann.

1. Erfordernis eines Auseinandersetzungsvertrags

Zum Teil wird vertreten, dass ein Auseinandersetzungsvertrag für die Auseinandersetzung der Erbengemeinschaft nicht zwingend erforderlich sei, da das Gesetz in den §§ 2046 ff. BGB umfassende Regelungen bereithalte, weshalb die notwendigen Durchführungsakte auch direkt auf die Vorschriften gestützt werden können.[107] Andere sehen einen Auseinandersetzungsvertrag jedenfalls dann nicht als erforderlich an, wenn der Erblasser den Nachlass durch eine Teilungsanordnung gegenständlich verteilt hat, da sich der schuldrechtlich wirkende Übertragungsanspruch dann bereits aus der Teilungsanordnung ergebe.[108]

Die gegenteilige Ansicht versteht unter der in § 2042 BGB vorgesehenen Auseinandersetzung hingegen ein zweiaktiges Geschehen, das sich stets in einen schuldrechtlichen Auseinandersetzungsvertrag und ein dingliches Erfüllungsgeschäft (die Teilung des Nachlasses) untergliedert.[109]

Die tatsächliche Relevanz dieser unterschiedlichen Ansichten dürfte gering sein, da ein Auseinandersetzungsvertrag sowohl in der einvernehmlichen als auch in der streitigen Auseinandersetzung anzunehmen ist. Sollten sich

---

106 BeckOGK BGB/*Rißmann/Szalai*, Stand: 01.09.2023, § 2042 Rn. 1; *Brox*, ErbR, § 31 Rn. 2; Burandt/Rojahn/*Flechtner*, § 2042 Rn. 1; MüKo BGB/*Fest*, § 2042 Rn. 1; Staudinger/*Löhnig*, § 2042 Rn. 1; a. A. NK-BGB/*Eberl-Borges*, Vorbemerkungen zu § 2042–2057a Rn. 3 mit dem Hinweis, dass rechtstatsächlich Erbengemeinschaften meist über eine längere Zeit fortgeführt werden.

107 *Eberl-Borges*, S. 62.

108 Staudinger/*Löhnig*, § 2042 Rn. 10.

109 BeckOK BGB/*Lohmann*, 68. Edition, Stand: 01.11.2023, § 2042 Vorbemerkung; Krätzschel/Falkner/Döbereiner/*Krätzschel*, § 23 Rn. 8 f.

die Miterben – sei es auch anhand der gesetzlichen Auseinandersetzungsregeln – einvernehmlich über die Auseinandersetzung einigen, wird man, da der Auseinandersetzungsvertrag keiner besonderen Form unterliegt,[110] jedenfalls in der mündlichen Übereinkunft einen wirksamen Auseinandersetzungsvertrag erblicken können. Diese einvernehmliche Übereinkunft hätte insoweit Vorrang vor den gesetzlichen Auseinandersetzungsregeln.[111]

Sollte es hingegen zu keiner Einigung zwischen den Miterben kommen, wären diese ohnehin auf ein förmliches Verfahren zur Durchsetzung des Auseinandersetzungsanspruchs angewiesen. Diese Verfahren wären jedoch dem Grunde nach ebenfalls darauf gerichtet, dass am Ende des Verfahrens ein Auseinandersetzungsvertrag existiert. Zu nennen sind hier insbesondere die Aufstellung im Rahmen eines notariellen Vermittlungsverfahrens gem. §§ 363 ff. FamFG (vgl. § 368 I FamFG) sowie die Herbeiführung der Zustimmung zu einem Auseinandersetzungsvertrag mittels Auseinandersetzungs- bzw. Erbteilungsklage.[112] Soweit keine einvernehmliche Einigung zustande kommt, ist der Auseinandersetzungsanspruch seinem Inhalt nach auf eine Auseinandersetzung gerichtet, die die Erblasseranordnungen und gesetzlichen Auseinandersetzungsregeln berücksichtigt.[113] Im Rahmen der Erbteilungsklage hat der Kläger deshalb einen detaillierten Teilungsplan vorzulegen, der diesen Maßstäben gerecht wird, sodass der Teilungsplan insbesondere Anordnungen des Erblassers, Vereinbarungen der Miterben und die gesetzlichen Vorschriften zur Teilung zu berücksichtigen hat.[114] Das Urteil im Prozess ersetzt sodann gem. § 894 ZPO die Einwilligung der beklagten Partei in den Auseinandersetzungsvertrag.[115]

Für die hiesige Untersuchung sind insbesondere die gesetzlichen Regelungen zur Auseinandersetzung von Bedeutung, weshalb die diesbezüglichen Grundlagen im Weiteren dargelegt werden sollen.

---

110 BeckOGK BGB/*Rißmann/Szalai*, Stand: 01.09.2023, § 2042 Rn. 24; BeckOK BGB/*Lohmann*, 68. Edition, Stand: 01.11.2023, § 2042 Rn. 11; MüKo BGB/*Fest*, § 2042 Rn. 38; Staudinger/*Löhnig*, § 2042 Rn. 21 m. w. N.

111 BeckOK BGB/*Lohmann*, 68. Edition, Stand: 01.11.2023, § 2042 Rn. 10; MüKo BGB/*Fest*, § 2042 Rn. 23; Staudinger/*Löhnig*, Vorbemerkung § 2032 Rn. 14.

112 Vgl. hierzu im Einzelnen MüKo BGB/*Fest*, § 2042 Rn. 49 ff.

113 BeckOK BGB/*Lohmann*, 68. Edition, Stand: 01.11.2023, § 2042 Rn. 6; Burandt/Rojahn/*Flechtner*, § 2042 Rn. 56; Staudinger/*Löhnig*, § 2042 Rn. 29.

114 Erman/*Bayer*, § 2042 Rn. 16a.

115 Staudinger/*Löhnig*, § 2042 Rn. 65.

2. Berichtigung der Nachlassverbindlichkeiten

Das Gesetz ordnet in § 2046 I 1 BGB an, dass zunächst die Nachlassverbindlichkeiten zu berichtigen sind. Bevor also zwischen den Miterben die Verteilung des Überschusses gem. § 2047 BGB erfolgen kann, sind diese im Innenverhältnis – nicht aber gegenüber den Gläubigern – zur Berichtigung der Nachlassverbindlichkeiten verpflichtet.[116] Die Vorschrift dient dem Interesse der Miterben, da sie sicherstellen will, dass das Privatvermögen des einzelnen Miterben vor dem Zugriff der Nachlassgläubiger geschützt wird.[117] Bis zur Teilung können die Miterben nämlich den Gläubigerzugriff auf ihr sonstiges Vermögen nach § 2059 I 1 BGB verhindern.[118]

3. Verteilung des Überschusses

Nach § 2047 I BGB gebührt der nach Berichtigung der Nachlassverbindlichkeiten verbleibende Überschuss sodann den Erben nach dem Verhältnis ihrer Erbteile. Die hierzu erforderliche Teilung beendet schließlich die Nachlassauseinandersetzung.[119] Der Vollzug der Teilung erfolgt dabei dergestalt, dass die einzelnen Nachlassgegenstände unter Beachtung der hierfür vorgesehenen sachenrechtlichen Übertragungsakte übertragen werden.[120] Es hat also eine Übertragung aus dem Gesamthandsvermögen der Erbengemeinschaft in das Eigenvermögen des jeweiligen Miterben stattzufinden.[121]

Verteilungsgegenstand ist nach dem Wortlaut des Gesetzes der Überschuss. Der Wortlaut der Norm ist insoweit irreführend, als dass dieser nur von dem Überschuss nach Berichtigung der Nachlassverbindlichkeiten spricht. Tatsächlich sind darüber hinaus auch etwaige Ausgleichspflichten nach den §§ 2050 ff. BGB zu beachten, etwaige Teilungsanordnungen gem. § 2048 BGB zu erfüllen sowie sonstige Ansprüche des Nachlasses gegen die Miterben oder im umgekehrten Verhältnis zu berücksichtigen.[122] Ausgangspunkt für die Verteilungsquote sind zunächst die rechnerischen Erbquoten, wobei allerdings die soeben genannten Ausgleichspflichten und Verbindlichkeiten zu

---

116 Erman/*Bayer*, § 2046 Rn. 1.
117 NK-BGB/*Eberl-Borges*, § 2046 Rn. 1.
118 BeckOK BGB/*Lohmann*, 68. Edition, Stand: 01.11.2023, § 2046 Rn. 1.
119 Staudinger/*Löhnig*, § 2047 Rn. 1.
120 Ebd.
121 NK-BGB/*Eberl-Borges*, § 2047 Rn. 1.
122 BeckOGK BGB/*Rißmann/Szalai*, Stand: 01.09.2023, § 2047 Rn. 4; MüKo BGB/*Fest*, § 2047 Rn. 4 f.

berücksichtigen sind.[123] Das führt dazu, dass die letztendliche Teilungsquote nicht mit der Erbquote übereinstimmen muss.[124]

Die Teilung des Nachlasses, d. h. die Verteilung des Überschusses hat grundsätzlich nach den gesetzlichen Regelungen gem. §§ 2042 II, 752 S. 1 BGB durch Teilung in Natur zu erfolgen. Nur wenn eine Teilung in Natur ausgeschlossen ist, ordnet das Gesetz in §§ 2042 II, 753 I BGB an, dass die Teilung durch Verwertung des Nachlassgegenstandes und anschließender Aufteilung des Erlöses zu erfolgen hat.

4. Abweichende Regelungen des Erblassers

Möchte der Erblasser eine von dem gesetzlichen Verfahrensablauf abweichende Verteilung seines Nachlasses erreichen, steht ihm die Möglichkeit offen, dies mittels Teilungsanordnung letztwillig zu verfügen. Denn die Teilungsanordnung ersetzt sodann in ihrem Regelungsumfang den sonst nach gesetzlichen Regeln aufzustellenden Teilungsplan und geht insoweit den hierzu maßgeblichen gesetzlichen Vorschriften vor.[125] Der Miterbe hat also einen Anspruch gegen die übrigen Miterben auf entsprechende Auseinandersetzung, d. h. Entwurf und Vollzug eines der Teilungsanordnung entsprechenden Auseinandersetzungsvertrags.[126]

5. Geltendmachung des Auseinandersetzungsanspruchs

Der Anspruch auf Auseinandersetzung wird – soweit sich die Miterben nicht ohne ein Verfahren einvernehmlich einigen – entweder im Rahmen der freiwilligen Gerichtsbarkeit durch ein notarielles Vermittlungsverfahren geltend gemacht[127] oder aber durch eine Erbteilungsklage, die auf Zustimmung zu einem konkreten Auseinandersetzungsplan gerichtet ist.[128] Soweit es im Rahmen des notariellen Vermittlungsverfahrens zu einer Einigung zwischen den Miterben und einer entsprechenden Bestätigung durch den Notar kommt, findet aus der bestätigten Vereinbarung die Vollstreckung statt.[129] Im Rahmen der

---

123 NK-BGB/*Eberl-Borges*, § 2047 Rn. 3; MüKo BGB/*Fest*, § 2047 a. a. O.

124 BeckOK BGB/*Lohmann*, 68. Edition, Stand: 01.11.2023, § 2047 Rn. 1; NK-BGB/*Eberl-Borges*, § 2047 Rn. 3.

125 BGH, Versäumnisurteil vom 17.04.2002 – IV ZR 226/00, NJW 2002, 2712, 2712.

126 BeckOGK BGB/*Rißmann/Szalai*, Stand: 01.09.2023, § 2048 Rn. 33; Burandt/Rojahn/*Flechtner*, § 2048 Rn. 9.

127 Vgl. §§ 363 ff. FamFG.

128 OLG Jena, Urteil vom 30.07.2008 – 4 U 726/06, BeckRS 2009, 8668.

129 Prütting/Helms/*Zorn*, § 371 FamFG Rn. 18.

Erbteilungsklage ersetzt ein stattgebendes Urteil gem. § 894 ZPO die Zustimmung des verklagten Miterben, sodass mit dem Urteil die Zustimmung zum Auseinandersetzungsvertrag anzunehmen ist.[130]

6. Wirkung und Inhalt des Auseinandersetzungsplans

Ein Auseinandersetzungsplan wirkt nur im Innenverhältnis der Miterben und ist auch nur für diese berechtigend und verpflichtend.[131] Soweit in einem Auseinandersetzungsplan die Verpflichtung normiert wird, dass einem Miterben ein bestimmter Nachlassgegenstand zu übertragen ist, und kommt es schließlich zum dinglichen Vollzug, bildet der Auseinandersetzungsplan die causa für das dingliche Verfügungsgeschäft.[132] Er ist also das schuldrechtliche Grundgeschäft.[133] Seinem Inhalt nach regelt der Auseinandersetzungsplan, wie die Auseinandersetzung der Erbengemeinschaft stattzufinden hat,[134] wobei dieser auch sogleich die notwendigen Erklärungen für das sich anschließende dingliche Rechtsgeschäft der Übertragung enthalten kann, was meist bei nicht formbedürftigen Übertragungsgeschäften der Fall ist.[135]

---

130 Staudinger/*Löhnig*, § 2042 Rn. 65.

131 NK-BGB/*Eberl-Borges*, Vorbemerkungen zu §§ 2042–2057a Rn. 5.

132 Ebd.

133 BGH, Urteil vom 31.10.1962 – V ZR 24/61, NJW 1963, 345, 346 (dort zum Auseinandersetzungsvertrag); Burandt/Rojahn/*Flechtner*, § 2042 Rn. 25; MüKo BGB/*Fest*, § 2042 Rn. 35.

134 NK-BGB/*Eberl-Borges*, Vorbemerkungen zu §§ 2042–2057a Rn. 4.

135 MüKo BGB/*Fest*, § 2042 Rn. 44.

3. Kapitel: Übertragung eines Gesellschaftsanteils einer Personengesellschaft von Todes wegen und Innenausgleich weichender Miterben

Im Falle des Ablebens eines Gesellschafters kommt es zwangsläufig zu der Problematik, dass zwei Rechtsgebiete aufeinandertreffen, die grundsätzlich verschiedene Regelungsbereiche und Wertvorstellungen beinhalten. Zum einen gelangt das Erbrecht zur Anwendung, welches im objektiven Sinne alle Rechtsvorschriften umfasst, die die privatrechtlichen, vermögensrechtlichen Folgen im Todesfall eines Menschen regeln.[136] Zum anderen werden aber auch die Regelungen des Gesellschaftsrechts relevant. Diese wiederum haben zur Aufgabe, dem gemeinsamen Tätigwerden mehrerer Personen zur gemeinschaftlichen Zweckverfolgung einen rechtlichen Rahmen zu geben.[137] Prägend für die erbrechtlichen Regelungen sind insbesondere die grundlegenden Wertungen des Erbrechts: die Grundsätze des Privat- und Familienerbrechts (einschließlich des Pflichtteilsrechts) sowie die Testierfreiheit.[138] Neben diesen obersten Leitgedanken lassen sich auch weitere wichtige Grundsätze formulieren, z. B. der erbrechtliche Formzwang oder die Höchstpersönlichkeit.[139] Die letztgenannten Grundsätze treten hinter den erstgenannten rechtspolitischen Grundentscheidungen jedoch zurück.[140]

Zuvörderst ist mit dem Privaterbrecht gemeint, dass das BGB das Ziel verfolgt, den Erbgang privat auszugestalten, mithin dafür zu sorgen, dass der Nachlass des Erblassers in private Hände gelangt und nur subsidiär in die Hände des Staates (vgl. § 1936 BGB).[141] Unter dem Grundsatz des Familienerbrechts ist zu verstehen, dass das fünfte Buch des BGB grundsätzlich von der Erbfolge der nächsten Verwandten und des Ehegatten ausgeht.[142] Freilich muss diese gesetzgeberische Wertung im Einzelfall nicht immer zutreffend sein,

---

136 *Brox,* ErbR, § 1 Rn. 3.
137 *Koch,* GesR, § 1 Rn. 1.
138 MüKo BGB/*Leipold,* Einl. ErbR Rn. 8.
139 Ebd.
140 Ebd.
141 MüKo BGB/*Leipold,* Einl. ErbR Rn. 9.
142 MüKo BGB/*Leipold,* Einl. ErbR Rn. 10.

weshalb der Gesetzgeber ebenfalls die Testierfreiheit insbesondere in Gestalt der gewillkürten Erbfolge anerkannt hat (vgl. §§ 1937–1941 BGB).[143]

Andere Ziele verfolgt hingegen das Handels- und Gesellschaftsrecht. Dieses soll der gemeinsamen Betätigung zu einem gemeinsamen Zweck einen rechtlichen Rahmen geben. Anders als das Erbrecht stehen hier nicht die Interessen eines Individuums (des Erblassers) im Vordergrund, sondern der Zusammenschluss der Gesellschafter. Diese unterschiedlichen Ausgangslagen führen zu Spannungsverhältnissen, insbesondere bei der Vererbung von Gesellschaftsanteilen an Personengesellschaften werden dabei die Friktionen zwischen dem Erb- und Gesellschaftsrecht deutlich, da hier die Rechtsform durch persönliche Verbundenheit und Haftung der Gesellschafter geprägt ist.[144] Um die Nachfolge in den Gesellschaftsanteil einer Personengesellschaft nachzuvollziehen, ist es erforderlich, zunächst die gesetzliche Ausgangslage zu betrachten (I.) und sodann zu erörtern, welche möglichen abweichenden Rechtsfolgen die Gesellschafter treffen können (II.). Schließlich soll im Schwerpunkt der Betrachtung dabei der Frage nachgegangen werden, aus welchem Rechtsgrund den weichenden Miterben im Falle einer qualifizierten Nachfolgeklausel Ausgleichsansprüche gegen den oder die eintretenden Miterben zustehen (III.), da diese Anspruchsgrundlagen im Weiteren daraufhin überprüft werden sollen, ob sie auch für die erbrechtliche Auseinandersetzungsproblematik im Rahmen der überquotalen Teilungsanordnung fruchtbar gemacht werden können.[145]

I. Rechtsfolgen bei Tod eines Gesellschafters

Das Gesetz sieht für die Personengesellschaften unterschiedliche Rechtsfolgen für das Versterben eines Gesellschafters vor. Im Falle der Gesellschaft bürgerlichen Rechts ordnete § 727 I BGB a. F. an, dass mit dem Tod eines Gesellschafters die Gesellschaft aufgelöst wird. Hintergrund dieser Regelung war, dass die Vorschrift des § 727 I 1 BGB a. F. die höchstpersönliche Natur der Gesellschafterstellung eines Gesellschafters sicherstellen mochte.[146] Durch das Gesetz zur Modernisierung des Personengesellschaftsrechts vom 10. August 2021, BGBl. 2021, S. 3436 ist nunmehr in § 723 I Nr. 1 BGB n. F. geregelt, dass der Tod eines Gesellschafters nicht mehr zu der Auflösung der Gesellschaft bürgerlichen Rechts führt, sondern vielmehr der Tod das Ausscheiden des Gesellschafters

---

143 MüKo BGB/*Leipold*, Einl. ErbR Rn. 19.
144 Staudinger/*Kunz*, § 1922 Rn. 186.
145 Vgl. hierzu 4. Kapitel IV. 1.
146 MüKo BGB/*Schäfer*, 8. Aufl., § 727 Rn. 1.

zur Folge hat. Der Gesetzgeber hat sich für die Änderung der Rechtsfolge i. S. d. Verbandskontinuität entschieden, um zu verhindern, dass es im Falle des Todes automatisch zu einer meist unerwünschten wirtschaftlichen Zerschlagung der Gesellschaft kommt.[147] Für die offene Handelsgesellschaft normierte bereits § 131 III 1 Nr. 1 HGB a. F., dass der Tod eines Gesellschafters nicht zur Auflösung der Gesellschaft, sondern zum Ausscheiden des Gesellschafters führt. Diese Rechtsfolge hat der Gesetzgeber im Rahmen der Modernisierung des Personengesellschaftsrechts übernommen, jedoch nun in § 130 I 1 Nr. 1 BGB n. F. geregelt. Dasselbe gilt über die Verweisungsnorm des § 161 II HGB grundsätzlich auch für die Kommanditgesellschaft, jedoch bestimmt § 177 HGB, dass der Kommanditanteil eines Kommanditisten von seinen Erben weitergeführt wird.

II. Regelungsmöglichkeiten der Gesellschafter und deren Rechtsfolgen

Wie sich ausdrücklich aus den jeweils genannten Normen ergibt, sind diese Rechtsfolgen allesamt dispositiv.[148] Mithin obliegt es den Gesellschaftern der jeweiligen Gesellschaftsform, eine abweichende Regelung zu treffen, die regelmäßig auch zweckmäßig sein wird.[149] Zu unterscheiden sind hier insbesondere Fortsetzungsklauseln, Eintrittsklauseln und Nachfolgeklauseln. Soweit von diesen Gestaltungsmitteln Gebrauch gemacht wird, ergeben sich bei der Gesellschaft bürgerlichen Rechts und den Personenhandelsgesellschaften bezüglich der hieraus resultierenden Rechtsfolgen keine Abweichungen.[150] Darüber hinaus wurden diese Gestaltungsmöglichkeiten durch die Modernisierung des Personengesellschaftsrechts nicht berührt.[151]

1. Fortsetzungsklausel

Eine Fortsetzungsklausel zeichnet sich dadurch aus, dass die Gesellschaft mit den verbleibenden Gesellschaftern als werbende Gesellschaft weiter bestehen

---

147 Bundestag-Drucksache 19/27635, S. 107.

148 In § 723 I BGB heißt es „*[…], sofern der Gesellschaftsvertrag für diese Fälle nicht die Auflösung der Gesellschaft vorsieht*“. Gleiches ergibt sich aus § 130 I HGB.

149 MüKo BGB/*Schäfer*, 8. Aufl., § 727 Rn. 5 weist insoweit unter Inbezugnahme auf § 139 HGB daraufhin, dass abweichende Vereinbarungen in der Praxis weit verbreitet sind.

150 MüKo BGB/*Schäfer*, 8. Aufl., § 727 Rn. 5.

151 MüKo BGB/*Schäfer*, § 711 Rn. 46.

bleibt.[152] Die Erben sind auf einen Abfindungsanspruch angewiesen, weshalb zum Teil dafür plädiert wird, die Fortsetzungsklausel viel mehr als Ausschlussklausel zu betiteln.[153] Da das neue Recht nunmehr im gesetzlichen Ausgangsfall nur ein Ausscheiden des verstorbenen Gesellschafters vorsieht, entspricht die Rechtswirkung der Fortsetzungsklausel nunmehr dem gesetzlichen Regelfall.[154] Eine Fortsetzungsklausel war also nur unter Geltung des § 727 I BGB a. F. sinnvoll, da dieser noch die Auflösung der Gesellschaft bürgerlichen Rechts anordnete. Da durch die Modernisierung des Personengesellschaftsrechts nun auch für diese Gesellschaftsform ein Ausscheiden des Gesellschafters im Todesfall vorgesehen ist (vgl. § 723 I Nr. 1 BGB n. F.), hat die Fortsetzungsklausel fortan keine Relevanz mehr.

2. Eintrittsklausel

Eintrittsklauseln haben rechtsgeschäftlichen Charakter und stellen einen echten Vertrag zugunsten Dritter auf den Todesfall dar.[155] Sie haben mithin nicht erbrechtlichen, sondern rein gesellschaftsrechtlichen Charakter.[156] Die Klausel führt dazu, dass dem Begünstigten, der nicht zwingend Erbe sein muss, ein Eintrittsrecht in die Gesellschaft unter den genannten Bedingungen der Eintrittsklausel zusteht.[157]

3. Nachfolgeklausel

Ferner haben die Gesellschafter die Möglichkeit, im Gesellschaftsvertrag eine sog. Nachfolgeklausel zu vereinbaren. Hierunter versteht man die im Gesellschaftsvertrag festgelegte Regelung, dass nach dem Tod eines Gesellschafters die in der Nachfolgeklausel benannte Person ohne Weiteres in die Stellung als Gesellschafter nachrücken soll.[158] Anders als bei dem soeben dargestellten Eintrittsrecht wird dem Nachfolger also nicht nur die Möglichkeit eingeräumt, mittels einer Erklärung in die Gesellschaft einzurücken, sondern es wird ihm der Gesellschaftsanteil als solcher zugewandt.[159]

152 BeckOGK BGB/*von Proff zu Irnich*, Stand: 15.12.2023, § 727 Rn. 25.
153 *K. Schmidt*, Gesellschaftsrecht, § 45 V 1 lit. c).
154 Hierauf weist *K. Schmidt*, Gesellschaftsrecht, § 45 V 1 lit. c), bereits für die alte Rechtslage zur OHG gem. § 131 III Nr. 1 HGB hin, die nun auch für die GbR gilt.
155 Henssler/Strohn/*Klöhn*, § 139 Rn. 86.
156 MüKo HGB/*Karsten Schmidt/Fleischer*, § 139 Rn. 27.
157 Ebd.
158 *Brox*, ErbR, § 45 Rn. 9.
159 *Brox*, a. a. O.

a. *Einfache und qualifizierte Nachfolgeklausel*

Unterschieden werden einfache und qualifizierte Nachfolgeklauseln. Eine einfache Nachfolgeklausel ist anzunehmen, wenn der Gesellschaftsvertrag bestimmt, dass der Gesellschaftsanteil auf alle Erben des Gesellschafters übergehen soll.[160] Hingegen treten bei einer qualifizierten Nachfolgeklausel nur bestimmte Erben in die Gesellschaft ein und nicht alle Erben.[161] Auch der durch das Gesetz zur Modernisierung des Personengesellschaftsrechts neu eingeführte § 711 II 2 BGB n. F. sollte an der Gestaltungsmöglichkeit einer qualifizierten Nachfolgeklausel nichts ändern.[162] Die Personen, die in den Gesellschaftsanteil nachfolgen sollen, können im Gesellschaftsvertrag namentlich benannt oder aber mittels Eigenschaften personenunabhängig beschrieben werden (z. B. durch eine erforderliche Qualifikation).[163]

b. *Gesellschaftsrechtliche und erbrechtliche Nachfolgeklausel*

Eine Nachfolgeklausel kann sowohl erbrechtlich als auch gesellschaftsrechtlich als Rechtsgeschäft unter Lebenden auf den Todesfall ausgestaltet sein.[164] Die rechtsgeschäftliche Nachfolgeklausel unterscheidet sich von der Eintrittsklausel dadurch, dass der betreffenden Person nicht nur ein Eintrittsrecht eröffnet wird, sondern diese im Zeitpunkt des Erbfalls rechtsgeschäftlich in die Gesellschafterstellung nachrückt.[165] Der Gesellschaftsanteil fällt bei dieser Gestaltungsvariante überhaupt nicht in den Nachlass.[166] Eine solche Nachfolgeklausel ist nur dann wirksam, wenn der Nachfolger seine Zustimmung erklärt.[167] Andernfalls liegt aufgrund der mit dem Übergang einhergehenden gesellschaftsrechtlichen Verpflichtungen ein unzulässiger Vertrag zulasten Dritter vor.[168]

---

160 BeckOK HGB/*Lehmann-Richter,* 40. Edition, Stand: 01.07.2023, § 139 Rn. 13; MüKo BGB/*Schäfer,* § 711 Rn. 49; Oetker/*Kamanabrou,* § 131 Rn. 6.

161 BGH, Urteil vom 04.05.1983 – IVa ZR 229/81, NJW 1983, 2376, 2377; Oetker/*Kamanabrou,* § 131 Rn. 16.

162 Bundestag-Drucksache 19/27635, S. 145.

163 Oetker/*Kamanabrou,* § 131 Rn. 16.

164 Henssler/Strohn/*Klöhn,* § 139 Rn. 9.

165 Ebenroth/Boujong/Joost/Strohn/*Lorz,* § 139 Rn. 50.

166 Ebenroth/Boujong/Joost/Strohn/*Lorz,* § 139 Rn. 52; MüKo HGB/*Karsten Schmidt/Fleischer,* § 139 Rn. 25 f.

167 Ebenroth/Boujong/Joost/Strohn/*Lorz,* § 139 Rn. 50; MüKo HGB/*Karsten Schmidt/Fleischer,* a. a. O.

168 Ebenroth/Boujong/Joost/Strohn/*Lorz,* a. a. O.; Hopt/*Roth,* § 139 Rn. 58; MüKo BGB/*Schäfer,* 8. Aufl., § 727 Rn. 52; MüKo HGB/*Karsten Schmidt/Fleischer,* § 139

Entsprechendes hat der Bundesgerichtshof mit seinem Grundsatzurteil aus dem Jahr 1977 festgehalten, indem er entschied, dass eine rechtsgeschäftliche Zuwendung eines Gesellschaftsanteils ohne Beteiligung des Nachfolgers unwirksam ist.[169] Vielmehr sei eine gesellschaftsvertragliche Nachfolgeklausel grundsätzlich dahingehend auszulegen, dass sie den Gesellschaftsanteil vererblich stellt.[170] Früher wurde dies zum Teil anders gesehen.[171] Hiernach wurde im Falle einer Nachfolgeklausel stets von einem Rechtsgeschäft unter Lebenden auf den Todesfall ausgegangen.[172] Der Erwerb des Gesellschaftsanteils erfolge im Falle einer qualifizierten Nachfolgeklausel wegen der Regelung im Gesellschaftsvertrag, vollziehe sich also aufgrund des Gesellschaftsrechts (sog. gesellschaftsrechtliche Lösung).[173]

Heute hat sich das grundsätzliche Verständnis des Bundesgerichtshofes durchgesetzt, d. h. durch eine sog. erbrechtliche Nachfolgeklausel wird die Vererblichkeit der Mitgliedschaft herbeigeführt.[174] Der Erwerb des Anteils als solcher vollzieht sich sodann nach dem Erbrecht.[175]

Der Erbe eines Gesellschaftsanteils einer Personengesellschaft erbt die Mitgliedschaft im Wege der Einzelrechtsnachfolge,[176] sodass der Grundsatz der Gesamtrechtsnachfolge insoweit durchbrochen wird.[177] Das war bis zur

---

Rn. 25 f.; Oetker/*Kamanabrou*, § 131 Rn. 27; ausführlich *Rüthers*, AcP 1968, 263, 274.

169 BGH, Urteil vom 10.02.1977 – II ZR 120/75, NJW 1977, 1339, 1339, 2. Leitsatz.

170 BGH, Urteil vom 10.02.1977 – II ZR 120/75, NJW 1977, 1339, 1339, 1. Leitsatz.

171 Vgl. ausführlich *Flume*, S. 375 ff.

172 *Flume*, S. 376 f.; unklar *Lange/Kuchinke*, § 5 IV 6, die vom Erbrecht aus gesehen einen Übergang als unentgeltliche Zuwendung auf den Todesfall betiteln, jedoch wenig später von einem Erwerb im Wege der Sondererbfolge sprechen.

173 *Flume*, S. 376 f.

174 BeckOGK BGB/*Riedel*, Stand: 01.11.2023, § 1922 Rn. 563; Ebenroth/Boujong/Joost/Strohn/*Lorz*, § 139 Rn. 2; Erman/*Lieder*, § 711 Rn. 18; Henssler/Strohn/*Klöhn*, § 139 Rn. 7; MüKo BGB/*Schäfer*, 8. Aufl., § 727 Rn. 29; MüKo HGB/*Karsten Schmidt/Fleischer*, § 139 Rn. 12; Oetker/*Kamanabrou*, § 131 Rn. 16; Soergel/*Hadding/Kießling*, 13. Aufl., § 727 Rn. 17; Staudinger/*Habermeier*, § 727 Rn. 14; Staudinger/*Löhnig*, Vorbemerkung § 2032 Rn. 37.

175 BeckOGK BGB/*Riedel*, Stand: 01.11.2023, § 1922 Rn. 566; Henssler/Strohn/*Klöhn*, a. a. O.; MüKo BGB/*Gergen*, § 2032 Rn. 81; MüKo HGB/*Karsten Schmidt/Fleischer*, § 139 Rn. 13; Oetker/*Kamanabrou*, § 131 Rn. 6; Soergel/*Hadding/Kießling*, a. a. O.

176 BGH, Urteil vom 10.02.1977 – II ZR 120/75, NJW 1977, 1339, 1342.

177 Ebenroth/Boujong/Joost/Strohn/*Lorz*, § 139 Rn. 10; MüKo BGB/*Gergen*, § 2032 Rn. 73.

Modernisierung des Personengesellschaftsrechts bislang nicht ausdrücklich im Gesetz geregelt. Nunmehr hat der Gesetzgeber jedoch in § 711 II S. 2 und 3 BGB normiert, dass bei mehreren Erben der Gesellschaftsanteil kraft Gesetzes jedem Erben in Höhe der Erbquote zufällt und insoweit die Vorschriften über die Erbengemeinschaft keine Anwendung finden. Der bedachte Erbe erwirbt den Gesellschaftsanteil dabei nach der heute unbestrittenen Ansicht nicht nur in Höhe seiner Erbquote, sondern im Ganzen.[178] Die Erbquoten sollen nämlich gerade nicht verhindern, dass der bedachte Miterbe einen über seiner Erbquote liegenden Gesellschaftsanteil enthält; vielmehr hat die Erbquote zum Zweck, als Berechnungsgrundlage für den Wertausgleich unter den Miterben zu fungieren.[179]

Die Rechtsprechung des Bundesgerichtshofes ist in der Vergangenheit zunächst nur von einer quotalen Nachfolge in Höhe der Erbquote ausgegangen,[180] jedoch hat der Bundesgerichtshof diese Auffassung in seinem Grundsatzurteil aus dem Jahre 1977 ausdrücklich aufgegeben und geht seitdem auch von der Vollnachfolge aus.[181] Dieser Rechtsprechung hat sich der für das Erbrecht zuständige Senat im Jahr 1983 angeschlossen.[182] Hintergrund der Annahme der Sonderrechtserbfolge ist, dass die Arbeits- und Haftungsgemeinschaft einer Personengesellschaft zwingend das Handeln von voll verantwortlichen und eigenständig handlungsfähigen Personen voraussetzt.[183] Auch der Umstand, dass die Erbengemeinschaft auf die Auseinandersetzung gem. § 2042 I BGB gerichtet ist und von dem Einstimmigkeitsprinzip beherrscht wird, ist mit dem Wesen der Personengesellschaft unvereinbar.[184] Konsequent ist insoweit, dass durch das Gesetz zur Modernisierung des Personengesellschaftsrechts in § 711 II BGB n. F. die Sondererbfolge in den Gesellschaftsanteil

178 BGH, Urteil vom 10.02.1977 – II ZR 120/75, NJW 1977, 1339, 1339, 3. Leitsatz; BeckOGK BGB/*Riedel*, Stand: 01.11.2023, § 1922 Rn. 574; *Brox*, ErbR, § 45 Rn. 14; Ebenroth/Boujong/Joost/Strohn/*Lorz*, § 139 Rn. 19; Habersack/Schäfer/*Schäfer*, § 139 Rn. 11; Hopt/*Roth*, § 139 Rn. 17; Koller/Kindler/Roth/Drüen/*Kindler*, § 139 Rn. 6; MüKo BGB/Schäfer, 8. Aufl., § 727 Rn. 45; MüKo BGB/*Gergen*, § 2032 Rn. 79; MüKo HGB/*Karsten Schmidt/Fleischer*, § 139 Rn. 20; Oetker/*Kamanabrou*, § 131 Rn. 18; Staudinger/*Habermeier*, § 727 Rn. 20.

179 *Brox*, ErbR, § 45 Rn. 14.

180 BGH, Urteil vom 22.11.1956 – II ZR 222/55, NJW 1957, 180, 181.

181 BGH, Urteil vom 10.02.1977 – II ZR 120/75, NJW 1977, 1339, 1342.

182 BGH, Urteil vom 04.05.1983 – IVa ZR 229/81, NJW 1983, 2376 ff.

183 BGH, Urteil vom 04.05.1983 – IVa ZR 229/81, NJW 1983, 2376, 2377.

184 *Von Proff*, DStR 2017, 2555, 2559.

einer Gesellschaft bürgerlichen Rechts ausdrücklich anerkannt wurde und die Vorschriften über die Erbengemeinschaft insoweit keine Anwendung finden.

c. Gesellschaftsanteil als Nachlassbestandteil

Es war in der Vergangenheit umstritten, ob der Gesellschaftsanteil trotz Annahme der Sondererbfolge als zum Nachlass gehörig anzusehen ist. Das wurde zum Teil verneint.[185] Ausgangspunkt dieser Argumentation war, dass der Gesellschaftsanteil einer Personengesellschaft auf den bedachten Miterben im Rahmen der Sondererbfolge übergeht und dieser gerade – mangels Fähigkeit der Erbengemeinschaft des Innenhabens eines etwaigen Gesellschaftsanteils – nicht der gesamthänderischen Bindung der Erbengemeinschaft unterliegt.[186] Sowohl der zweite Senat des Bundesgerichtshofs als auch der letztgenannte Vertreter gaben ihre Auffassung, dass der Gesellschaftsanteil nicht zum Nachlass gehöre, in der Folgezeit auf.[187] Die heute einhellige Auffassung ist, dass die Sondererbfolge gerade nichts an der Nachlasszugehörigkeit des Gesellschaftsanteils ändert.[188] Dieses Ergebnis gilt als heute geklärt und bedarf keiner weiteren Erörterung.[189]

---

185 *Ulmer*, NJW 1984, 1496 ff.; ebenso früher von dem für das Gesellschaftsrecht zuständigen Senat des BGH vertreten, vgl. BGH, Urteil vom 30.04.1984 – II ZR 293/83, NJW 1984, 2104, 2105.

186 *Ulmer*, NJW 1984, 1496, 1498.

187 BGH, Beschluss vom 03.07.1989 – II ZB 1/89, NJW 1989, 3152, 3153 und *Ulmer/Schäfer*, ZHR 1996, 413, 432.

188 BGH, Urteil vom 14.05.1986 – IVa ZR 155/84, NJW 1986, 2431, 2431; BGH, Beschluss vom 10.01.1996 – IV ZB 21/94, NJW 1996, 1284, 1285; BeckOK BGB/*Schöne*, 68. Edition, Stand: 01.11.2023, § 727 Rn. 13; BeckOK BGB/*Müller-Christmann*, 68. Edition, Stand: 01.11.2023, § 1922 Rn. 88; *Brox*, JZ 1984, 890, 892; Ebenroth/Boujong/Joost/Strohn/*Lorz*, § 139 Rn. 19; *Esch*, NJW 1984, 339, 343; *Flume*, NJW 1988, 161, 162; Habersack/Schäfer/*Schäfer*, § 139 Rn. 45; *Heckelmann*, FG. v. Lübtow, 619, 625; Henssler/Strohn/*Klöhn*, § 139 Rn. 17; *Marotzke*, AcP, 1987, 223, 229; MüKo BGB/*Gergen*, § 2032 Rn. 81; MüKo HGB/*Karsten Schmidt/Fleischer*, § 139 Rn. 13; Oetker/*Kamanabrou*, § 131 Rn. 6; Staudinger/*Löhnig*, Vorbemerkung §§ 2032 ff. Rn. 40; *v. Lübtow*, S. 864; anders nur *Siegmann*, NJW 1995, 481, 484, der jedoch die Gesellschaftsanteile wie „Nachlaßbestandteile" behandeln will.

189 MüKo HGB/*Karsten Schmidt/Fleischer*, § 139 Rn. 13.

d. *Kongruenz zwischen Gesellschaftsrecht und Erbrecht*

Zu berücksichtigen ist, dass die Implementierung einer erbrechtlichen Nachfolgeklausel im Gesellschaftsvertrag für sich genommen nicht dazu führt, dass der Gesellschaftsanteil auf die in der Nachfolgeklausel benannten Personen übergeht. Vielmehr bildet die Nachfolgeklausel die notwendige Voraussetzung für die Nachfolge in den Gesellschaftsanteil,[190] indem sie – wie ausgeführt – die Vererblichkeit des Gesellschaftsanteils herstellt. Ob es schließlich zu dem aus gesellschaftsrechtlicher Sicht durch die Nachfolgeklausel möglichen Eintritt des Erben in die Gesellschafterstellung des Erblassers kommt, ist ausschließlich nach erbrechtlichen Grundsätzen zu beantworten, d. h. der Übergang erfolgt kraft Erbrechts. Erforderlich ist deshalb, dass die in der Nachfolgeklausel benannte Person auch tatsächlich Erbe wird.[191] Um den Übergang auf erbrechtlichem Wege im Rahmen der Sondererbfolge zu vollziehen, reicht dabei jede noch so geringe Erbeinsetzung aus.[192] Die Gestaltung des Erblassers im Gesellschaftsvertrag und die Rechtsfolgen des Erbrechts müssen also, damit es zu einem Übergang des Gesellschaftsanteils kommt, übereinstimmen.[193] Erlangt die in der Nachfolgeklausel bedachte Person weder über die gesetzliche noch über eine etwaige gewillkürte Erbfolge[194] die Erbenstellung, geht die Nachfolgeklausel ins Leere.[195]

Eine qualifizierte Nachfolgeklausel hat also zur Folge, dass nicht alle Erben, sondern nur ein Teil der Erben des Erblassers in die Gesellschafterstellung des Erblassers im Wege der Nachfolge einrücken können, da der Gesellschaftsanteil nur für einen Teil der Erben vererblich gestellt ist. Ist dies der Fall und wird die in der Nachfolgeklausel bedachte Person Miterbe einer Erbengemeinschaft, erwirbt sie den Gesellschaftsanteil nach dem o. g. in voller Höhe. Es gilt allerdings zu beachten, dass die Erbquoten weiterhin Relevanz für den Wertausgleich unter den Miterben haben.[196] Die nahezu einhellige Meinung spricht den weichenden Miterben deshalb einen Ausgleichsanspruch gegen den

---

190 MüKo BGB/*Schäfer*, 8. Aufl., § 727 Rn. 29.

191 Henssler/Strohn/*Klöhn*, § 139 Rn. 12.

192 BeckOGK BGB/*Riedel*, Stand: 01.11.2023, § 1922 Rn. 574.

193 MüKo BGB/*Schäfer*, 8. Aufl., § 727 Rn. 43.

194 Zutreffend weist Staudinger/*Habermeier*, § 727 Rn. 19 insoweit ausdrücklich darauf hin, dass sich die Erbenstellung sowohl aus gesetzlicher als auch aus gewillkürter Erbfolge ergeben kann.

195 MüKo BGB/*Schäfer*, 8. Aufl., § 727 Rn. 43.

196 BGH, Urteil vom 10.02.1977 – II ZR 120/75, NJW 1977, 1339, 1343.

nachfolgenden Miterben zu, wenn der von ihm übernommene Gesellschaftsanteil wertmäßig seine Erbquote übersteigt,[197] wobei die hierfür heranzuziehende Anspruchsgrundlage bis heute umstritten ist.[198] Abfindungsansprüche der nicht eintretenden Erben kommen jedoch nicht in Betracht, da wegen der eintretenden Sondererbfolge der Gesellschaftsanteil dem eintretenden Miterben zufällt und insoweit keine Anwachsung bei den verbleibenden Mitgesellschaftern stattfindet, die eine etwaige Abfindungszahlung auslösen könnte.[199]

III. Ausgleichspflicht unter Miterben

Die Normierung einer qualifizierten Nachfolgeklausel kann bei Vorliegen einer Erbengemeinschaft also dazu führen, dass ein Miterbe wertmäßig über seiner Erbquote am Nachlass beteiligt wird. Hierzu möge folgendes Beispiel dienen:

Erblasser E bedenkt in seinem Testament seine beiden Kinder K1 und K2 je hälftig als Erben. E ist Gesellschafter einer OHG, wobei die Gesellschaftsbeteiligung bei wirtschaftlicher Betrachtung 80 Prozent des Nachlasses ausmacht. Der Gesellschaftsvertrag der OHG sieht mittels qualifizierter Nachfolgeklausel vor, dass nur K1 in die Gesellschafterstellung des E nachfolgen kann. E verstirbt.

Da der Gesellschaftsanteil der OHG nur für K1 im Rahmen des Gesellschaftsvertrages vererblich gestellt wurde, tritt nur dieser als Nachfolger in die Gesellschaft ein. K1 erwirbt den Gesellschaftsanteil unmittelbar und im Ganzen per Sondererbfolge. Bei wirtschaftlicher Betrachtung hat K1 deshalb 30 Prozent mehr erhalten als ihm nach der Erbquote wirtschaftlich zustünde.

Bis heute herrscht keine Einigkeit darüber, aufgrund welcher Rechtsgrundlage der bevorzugte Miterbe zu einem Ausgleich gegenüber der

---

197 Bereits hier auszugsweise: BGH, Urteil vom 22.11.1956 – II ZR 222/55, NJW 1957, 180, 180; BeckOGK BGB/*von Proff zu Irnich*, Stand: 15.12.2023, § 727 Rn. 77 f.; BeckOGK BGB/*R. Koch*, Stand: 01.10.2023, § 736 Rn. 23; *Brox*, ErbR, § 45 Rn. 17; Erman/*Lieder*, § 711 Rn. 26; *Heckelmann*, FG v. Lübtow, 619, 627 f.; Henssler/Strohn/*Kilian*, § 727 Rn. 15; *K. Schmidt*, GesR, § 45 V 5 lit. c); MüKo BGB/*Schäfer*, 8. Aufl., § 727 Rn. 46; MüKo BGB/*Gergen* § 2032 Rn. 81; MüKo HGB/*Karsten Schmidt/Fleischer*, § 139 Rn. 22; Röhricht/Graf von Westphalen/Haas/Mock/Wöstmann/*Haas*, § 131 Rn. 12; Scherer/*Ploß*, § 24 Rn. 495; Staudinger/*Habermeier*, § 727 Rn. 20; Staudinger/*Löhnig*, Vorbemerkung §§ 2032 ff. Rn. 43; *Ulmer*, FS Schilling, S. 88 ff.; *Wiedemann*, JZ 1977, 685, 691.

198 Dazu unter 3. Kapitel III.

199 Erman/*Lieder*, § 711 Rn. 26; Nieder/Kössinger/*W. Kössinger*, § 20 Rn. 39, i. E. ebenso MüKo HGB/*Karsten Schmidt/Fleischer*, § 139 Rn. 21.

Erbengemeinschaft herangezogen werden kann. Deshalb sollen die bislang diskutierten Anspruchsgrundlagen auf ihre Einschlägigkeit untersucht und die hierzu geführte Argumentation entsprechend gewürdigt werden.

1. Keine Ausgleichspflicht

Vereinzelt wurde in der Vergangenheit vertreten, dass den weichenden Miterben gegen den Gesellschaftermiterben keinerlei Ausgleichsansprüche zustehen.[200] Begründet wurde dies unter anderem damit, dass die sonst im Gesetz vorgesehenen Ausgleichs- und Anrechnungspflichten mit dem Erwerb qua Sondererbfolge nichts zu tun haben.[201] Zudem entspräche es dem Willen eines vollkaufmännischen Erblassers, dass einem Miterben, dem der Gesellschaftsanteil zugewandt werden soll, zudem auch der im Testament vorgesehene Erbanteil darüber hinaus gebühren soll.[202] Ein anderer Vertreter dieser Auffassung verweist auf die mangelnde Rechtsgrundlage für eine entsprechende Ausgleichspflicht.[203] Zudem sei zu berücksichtigen, dass die Zuordnung der Mitgliedschaft und die Zuordnung des Wertes der Mitgliedschaft so nicht unterschieden werden könne.[204] Soweit man zulasse, dass der Gesellschaftsvertrag mittels beschränkter Nachfolgeklausel erklären könne, welcher der Miterben Gesellschafter werde, so wäre hiermit auch akzeptiert, dass der Gesellschaftsvertrag in die Wertverteilung unter den Miterben eingreife.[205] Wenn der eintretende Miterbe nämlich den Gesellschaftsanteil unmittelbar erhalte, erhalte dieser auch zwangsläufig den Wert zugewiesen.[206]

---

200 *Zunft,* NJW 1957, 1129, 1333; ebenso *Huber,* S. 478 ff., der jedoch von einem zweiteiligen Erwerb ausgeht. Zunächst erwirbt der Miterbe in seiner Eigenschaft als Erbe den Teil der Beteiligung, der der Höhe seiner Erbquote entspricht. Die Erhöhung auf den ursprünglichen Stand der Beteiligung des Erblassers erfolge aufgrund des Gesellschaftsvertrages als Vertrag zugunsten Dritter auf den Todesfall. Für die Erhöhung kommt nach *Huber,* S. 480 ff. ein Ausgleich nach den §§ 2050 ff. BGB in Betracht, den er im Ergebnis jedoch ablehnt.

201 *Zunft,* NJW 1957, 1129, 1333.

202 *Zunft,* NJW 1957, a. a. O.

203 *Huber,* S. 478.

204 *Huber,* S. 480.

205 Ebd.

206 Ebd.

2. §§ 2050 ff. BGB analog

Andere vertreten wiederum, dass sich der begünstigte Miterbe im Rahmen der Auseinandersetzung den bereits erhaltenen Wert des Gesellschaftsanteils anrechnen lassen müsse und hierfür einen Ausgleich nach den §§ 2050 ff. BGB analog zu leisten habe.[207] Begründet wird dies unter anderem damit, dass zwischen einer vorweggenommen Erbfolge und der erbrechtlichen Rechtsnachfolge kein Wertungsunterschied bestünde.[208] Die Vorschriften für etwaige Vorempfänge müssten erst recht für eine Zuweisung auf den Todesfall gelten.[209]

Eine Ausgleichsanordnung nach § 2050 III BGB sei anzunehmen, soweit der Erblasser den Gesellschaftsanteil als ein Bestandteil des Vermögens werte, das erst im Falle seines Ablebens verteilt werden soll und er den Gesellschaftsanteil in die Auseinandersetzung einbezogen wissen möchte.[210]

3. § 812 I 1 2. Alt BGB

Eine andere Literaturmeinung möchte eine Ausgleichspflicht des eintretenden Miterben aus dem Bereicherungsrecht begründen.[211] Der vermögensrechtliche

---

207 *Brox*, ErbR, § 45 Rn. 17; Henssler/Strohn/*Klöhn*; § 139 Rn. 28; Koller/Kindler/Drüen/*Kindler*, § 139 Rn. 6; *Michalski*, S. 196 f.; Röhricht/Graf von Westphalen/Haas/Mock/Wöstmann/*Haas*, § 131 Rn. 12; Staudinger/*Löhnig*, Vorbemerkung §§ 2032 ff. Rn. 43; *Westermann*, Rn. 542; anders *Flume*, S. 405 ff., der eine Ausgleichspflicht nur im Verhältnis von Abkömmlingen in der Höhe des gesetzlichen Erbteils annimmt, jedoch eine Ausgleichspflicht grundsätzlich vom Willen des Erblassers abhängig macht. Eine Pflicht zur Herauszahlung scheitere jedoch an § 2056 BGB, *Flume*, S. 406. Ebenfalls anders MüKo BGB/*Schäfer*, 8. Aufl., § 727 Rn. 46, der neben den §§ 2050 ff. BGB analog noch einen Anspruch aus § 1978 BGB in Betracht zieht. *Säcker*, S. 94 ff. nimmt nur bei einer Zuwendung auf den Todesfall einen Ausgleichsanspruch nach den §§ 2050 ff. BGB an, lehnt ihn jedoch bei der erbrechtlichen Lösung ab. Einschränkend auch Soergel/*Manfred Wolf*, 13. Aufl., § 2032 Rn. 25, der nur für Abkömmlinge eine Ausgleichspflicht in Betracht zieht. Anders auch *Tiedau*, NJW 1980, 2446, 2448 ff., der einen Anspruch aus den §§ 2050 ff. BGB analog nur nach Auslegung der gesellschaftsvertraglichen Bestimmungen annehmen will, jedoch darauf hinweist, dass eine Ausgleichspflicht auch aus einer Parallele zur Teilungsanordnung angenommen werden kann.

208 Henssler/Strohn/*Klöhn*, a. a. O.

209 *Flume*, S. 405 trifft insoweit keine Aussage für die erbrechtliche Lösung.

210 *Brox*, ErbR, § 45 Rn. 17; ähnlich *Michalski*, S. 196, der ohne ergänzende Verfügung des Erblassers ebenfalls den Willen zur quotalen Vermögensverteilung annimmt.

211 *Heckelmann*, FG v. Lübtow, 619, 627 f.

Vorteil, den der bedachte Miterbe erlangt habe, sei die volle Inhaberschaft des Gesellschaftsanteils.[212] Die Erlangung des Gesellschaftsanteils erfolge dabei in sonstiger Weise i. S. d. § 812 I 1 2. Alt. BGB, da sich die Übertragung des Gesellschaftsanteils gem. § 1922 I BGB kraft Gesetzes im Erbfall vollziehe.[213] Dass die Übertragung direkt aus dem Vermögen des Erblassers erfolge, stünde einem Bereicherungsanspruch nicht entgegen, da der Erbfall sowohl für die Begünstigung des bedachten Miterben als auch für den Vermögensnachteil der nicht bedachten Erben ursächlich sei.[214] Der fehlende Rechtsgrund sei damit zu begründen, dass die erbrechtliche Wertverteilung von der Regelung im Gesellschaftsvertrag nicht berührt werde, weshalb ein die Erbquote überschießender Betrag als Eingriffskondiktion auszugleichen sei.[215]

4. § 242 BGB

Auch wurde eine Ausgleichspflicht von der Rechtsprechung bereits aus § 242 BGB hergeleitet.[216] Der Bundesgerichthof ging in dem Urteil noch von der Auffassung aus, dass ein Miterbe, der durch eine qualifizierte Nachfolgeklausel in die Gesellschaft eintreten kann, nur in der Höhe der Erbquote den Gesellschaftsanteil erwirbt, d. h. es nur zu einer Teilnachfolge in den Gesellschaftsanteil kommt.[217] Die nicht zugelassenen Miterben seien auf einen gesamthänderisch gebundenen Abfindungsanspruch angewiesen, soweit dieser nicht – was zulässig sei – durch eine gesellschaftsvertragliche Regelung ausgeschlossen sei.[218] Im Falle eines Ausschlusses der Abfindungsansprüche habe dies – soweit keine abweichende ausdrückliche Bestimmung vorhanden ist – allerdings zur Folge, dass die übrigen Gesellschafter dem Gesellschaftermiterben eine derartige Gesellschafterstellung einräumen müssen, die der Höhe nach der Gesellschafterstellung des Erblassers gleicht.[219] Diese Annahme sieht der erkennende Senat in der allgemeinen Lebenserfahrung begründet, nach der der Ausschluss der Abfindungsansprüche nicht zur Stärkung

---

212 *Heckelmann*, FG v. Lübtow, 619, 627.
213 *Heckelmann*, FG v. Lübtow, 619, 628.
214 *Heckelmann*, a. a. O.
215 *Heckelmann*, a. a. O., der in Fn. 50 darauf verweist, dass das Gesetz auch sonst Fälle kennt, in denen eine Bereicherung aufgrund einer dinglichen Zuordnung schuldrechtlich auszugleichen sei.
216 BGH, Urteil vom 22.11.1956 – II ZR 222/55, NJW 1957, 180, 180.
217 BGH, Urteil vom 22.11.1956 – II ZR 222/55, NJW 1957, 180, 181.
218 Ebd.
219 Ebd.

der Gesellschafterstellung der übrigen Gesellschafter führen soll.[220] Der enge Zusammenhang zwischen dem Ausschluss der Abfindungsmöglichkeit und dem hieraus resultierenden Übertragungsanspruch des Gesellschaftermiterben gegenüber den übrigen Gesellschaftern könne insoweit für das Verhältnis unter den Miterben nicht unberücksichtigt bleiben, was rechtfertige, dass der Gesellschaftermiterbe unter Berücksichtigung von Treu und Glauben gegenüber den übrigen, nicht eintretenden Miterben ausgleichspflichtig sei.[221]

5. „Geist der Rechtsordnung"

Vereinzelt wurde eine Ausgleichspflicht auch mit dem „Geist der Rechtsordnung" begründet.[222] Zum einen müsse berücksichtigt werden, dass der Gesellschaftsanteil zwar nicht in das Gesamthandsvermögen falle, jedoch zu dem Nachlass gehöre.[223] Zum anderen sage die qualifizierte Nachfolgeklausel nichts über die wertmäßige Beteiligung der Miterben am Nachlass aus.[224]

6. § 1978 BGB analog

Zudem wird in der Literatur eine Ausgleichspflicht des eintretenden Miterben auch aus einer Analogie zu § 1978 BGB begründet.[225] Ausgangspunkt der Überlegung dieser Ansicht ist, dass der Gesetzgeber in § 135 HGB a. F. (§ 133 HGB n. F.) eine Lösung für die widerstreitenden Interessen zwischen Privatgläubiger eines Gesellschafters einerseits und Mitgesellschaftern anderseits geschaffen habe.[226] Regelmäßig verfolgen die Mitgesellschafter das Interesse, dass Dritte durch Zwangsvollstreckungsmaßnahmen nicht in das Geschehen innerhalb des Gesellschafterkreises eingreifen.[227] Die Privatgläubiger hingegen haben das Interesse, das in der Gesellschaft gebundene Vermögen zu liquidieren.[228]

---

220 Ebd.

221 BGH, Urteil vom 22.11.1956 – II ZR 222/55, NJW 1957, 180, 181; unzutreffend insoweit der Hinweis von *Bratke*, S. 151 Fn. 542, der ausführt, dass der BGH § 242 BGB ohne nähere Begründung heranziehe; ebenso unzutreffend *Säcker*, S. 90.

222 *Rokas*, S. 90.

223 Ebd.

224 Ebd.

225 Erman/*Westermann*, 16. Aufl. § 727 Rn. 12; Habersack/Schäfer/*Schäfer*, § 139 Rn. 155, der davon spricht, dass der Anspruch ohne weiteres aus § 1978 BGB (analog) folge; Staudinger/*Habermeier*, § 727 Rn. 20; *Ulmer*, FS Schilling, S. 86 ff.

226 *Ulmer*, FS Schilling, S. 86.

227 Ebd.

228 *Ulmer*, FS Schilling, S. 86 f.

Der Gesetzgeber habe diesen Konflikt schließlich dahingehend gelöst, dass dem Privatgläubiger unter den in der Norm genannten Voraussetzungen ein ultima-ratio-Kündigungsrecht gewährt wird.[229] Folge des Ganzen sei, dass der Anspruch auf das Auseinandersetzungsguthaben letztlich dem Privatgläubiger als Zwangsvollstreckungsobjekt zur Verfügung stehe.[230] Der Vertreter diese Auffassung möchte diese Entscheidung des Gesetzgebers auf die Fallkonstellation des Verhältnisses zwischen übrigen Nachlassbeteiligten (insbesondere weichende Erben und Nachlassgläubiger) und dem eintretenden Nachfolgererben übertragen und kommt zu dem Schluss, dass die Wertung fruchtbar gemacht werden könne, wenn dem Nachlass ein Wertanspruch für die persönliche Zuordnung des Gesellschaftsanteils zustünde, den er schließlich in § 1978 BGB sieht.[231] Mithilfe dieses Anspruchs können die Nachlassgläubiger dann die Liquidation der Gesellschaft nach § 135 HGB a. F. betreiben.[232] Der Anspruch aus § 1978 BGB wird inhaltlich damit begründet, dass die Sonderzuordnung des Gesellschaftsanteils und die hiermit einhergehende Minderung des Nachlasses das Aufgreifen des Grundgedankens des § 1978 BGB nahelege.[233] Zwar sei festzuhalten, dass anders als bei der direkten Anwendung des § 1978 BGB die Vermögensminderung nicht durch eine Verwaltungsmaßnahme des nachfolgeberechtigten Erben eintrete, sondern mit Eintritt des Erbfalls automatisch.[234] Der Ausgleich der Wertverschiebung zwischen Erbe und Nachlass, der durch § 1978 BGB vorgenommen werden soll, sei jedoch in beiden Fällen relevant,[235] wobei sich der Anspruch der Höhe nach auf den Anteilswert erstrecke.[236]

Der Vertreter dieser Ansicht arbeitet im Weiteren jedoch heraus, dass mit dieser Annahme zwei Folgeprobleme entstehen: Zum einen bestünde durch den vorgeschlagenen Lösungsweg die Gefahr, dass der Vorrang der Nachlassgläubiger vor den Privatgläubigern im Hinblick auf die Haftung nicht zum Tragen komme, da der Gesellschaftsanteil über § 135 HGB a. F. auch dem Zugriff der Privatgläubiger unterläge.[237] Zum anderen bestünde für den ausgleichspflichtigen Erben aber auch die Gefahr, dass er im Hinblick auf den

229 *Ulmer*, FS Schilling, S. 87.
230 Ebd.
231 *Ulmer*, FS Schilling, S. 88.
232 Ebd.
233 Ebd.
234 Ebd.
235 Ebd.
236 *Ulmer*, FS Schilling, S. 89.
237 Ebd.

Wertersatzanspruch auch sein sonstiges Privatvermögen einsetzen müsse, da der Einwand der beschränkten Erbenhaftung nicht erhoben werden könne.[238] Die Lösung dieser Problematik sieht der Vertreter dieser Ansicht darin, dass er den in § 135 HGB a. F. zum Ausdruck kommenden Grundgedanken auf die erbrechtliche Problematik überträgt, indem er nur den Anspruch auf das Auseinandersetzungsguthaben als zum Nachlass gehörig ansieht.[239] So sei sichergestellt, dass die übrigen Nachlassbeteiligten vorrangig befriedigt werden und der eintretende Erbe nur mit einer Pfändung des Auseinandersetzungsanspruchs bzw. der Kündigung der Beteiligung rechnen müsse, nicht jedoch eine darüber hinausgehende Haftung mit seinem Privatvermögen zu fürchten habe.[240]

7. § 2301 BGB

Auch wurde in der Vergangenheit eine Ausgleichspflicht aus § 2301 BGB hergeleitet.[241] Es entspräche der Wertung des § 2301 BGB, dass eine Ausgleichspflicht für den Fall bestehen soll, wenn ein Miterbe unentgeltlich von Todes wegen einen Gesellschaftsanteil erhalte.[242] Denn auch der Gesellschaftsvertrag, der den Erwerb des Gesellschaftsanteils durch die Herbeiführung der Vererblichkeit erst ermöglicht habe, stelle ein Rechtsgeschäft unter Lebenden dar.[243]

8. § 1417 III BGB analog bzw. § 1478 III BGB

Wieder andere haben in der Vergangenheit versucht, die von dem Grundsatz der Universalsukzession abweichende Sondererbfolge mit familienrechtlichen Normen zu begründen.[244] Der Begründer dieser Ansicht verweist darauf, dass es sich bei einem Gesellschaftsanteil an einer Personengesellschaft um Sondergut i. S. d. § 1417 BGB handele, weshalb es nahelege, die gesetzlichen Regelungen in das Erbrecht zu übernehmen.[245] Als „Tribut des Erbrechts“ gegenüber dem Gesellschaftsrecht könne verstanden werden, dass die Mitgliedschaft per

---

238 Ebd.

239 *Ulmer,* FS Schilling, S. 89 f.

240 *Ulmer,* FS Schilling, S. 90.

241 *Reinicke,* NJW 1957, 561, 563 f., die irreführend allerdings insoweit von Abfindungsansprüchen des eintretenden Erben gegenüber den Miterben sprechen; dagegen *Tiedau,* MDR 1957, 641, 642.

242 *Reinicke,* NJW 1957, 561, 563 f.

243 Ebd.

244 *Wiedemann,* S. 205 ff.

245 *Wiedemann,* S. 206.

Sonderzuordnung auf den bedachten Miterben übergeht.[246] Da das Erbrecht jedoch zwingend die mit dem Erbfall geltende Vermögensordnung bestimme, sei der Gesellschaftsanteil als Sondergut dem Nachlass zuzurechnen, was dazu führe, dass jeder Erbe – auch die nicht eintrittsberechtigten Erben – an dem Gesellschaftsanteil zu beteiligen sei.[247] Rechtstechnisch spricht der Vertreter dieser Auffassung von einer bis zur Erbauseinandersetzung bestehenden Wertegemeinschaft, an der die Erbengemeinschaft als Gesamthandsgemeinschaft und der Inhaber des Sonderguts (der nachfolgeberechtigte Miterbe) beteiligt sind.[248] Zum Teil wird der Vertreter dieser Ansicht deshalb so verstanden, er habe eine Ausgleichspflicht aus § 1417 III BGB analog[249] bzw. § 1478 III BGB[250] begründen wollen. Tatsächlich benennt dieser jedoch keine konkrete Anspruchsgrundlage für die Ausgleichspflicht und stellt fest, dass der Ausgleichsanspruch „*[...] aus der Notwendigkeit [folgt] den Zwiespalt zwischen dem Wert der Erbquote und der Zuordnung zu beseitigen und die nicht gerechtfertigte Bereicherung des bevorzugten Erben einzuebnen*".[251]

9. Offene Rechtsfortbildung

Der Vertreter der letztgenannten Ansicht vertritt erstmals in einer späteren Veröffentlichung, dass der Bundesgerichtshof die Ausgleichspflicht des Miterben in seinem Urteil vom 10. Februar 1977 mittels einer offenen Rechtsfortbildung angenommen habe.[252] Dem sei der Umstand geschuldet, dass es sich bei dem Konstrukt der Sondererbfolge in einen Gesellschaftsanteil einer Personengesellschaft ebenfalls um einen nicht vom Gesetz vorhergesehenen Sachverhalt handele.[253] Aufgrund dessen, dass es sich um eine Rechtsfortbildung extra und nicht contra legem handele, seien hiergegen auch keine methodischen Einwände zu erheben.[254] Dieser Ansicht wurde vereinzelt zugestimmt.[255]

246 *Wiedemann*, S. 207.
247 Ebd.
248 *Wiedemann*, S. 208.
249 Vgl. nur *Homann*, S. 41 Fn. 10.
250 *Menold*, S. 154 f.
251 *Wiedemann*, S. 211.
252 *Wiedemann*, JZ 1977, 685, 691.
253 Ebd.
254 Ebd.
255 *Säcker*, S. 71, der die Norm zur Ausgleichspflicht ebenfalls im Wege einer lückenschließenden Rechtsfortbildung begründen will.

10. Auseinandersetzungslösung

Des Weiteren gibt es eine Vielzahl von Vertretern, die die Ausgleichspflicht des Miterben mit den Regelungen über die Auseinandersetzung der Erbengemeinschaft begründen möchten.[256] Einige der Vertreter dieser Ansicht beziehen sich dabei auf die Regelung zur Teilungsanordnung. Zum Teil durch explizite Nennung des § 2048 BGB als Anspruchsgrundlage[257] oder aber durch den Vergleich, dass die qualifizierte Nachfolgeklausel wie eine vollzogene Teilungsanordnung funktioniere,[258] wobei teilweise von einer dinglich wirkenden Teilungsanordnung gesprochen wird.[259] Oftmals wird die Sondererbfolge auch als vorweg genommene Teilauseinandersetzung verstanden.[260]

Auch wenn die Vertreter dieser Ansicht übereinstimmend die Anspruchsgrundlage im Bereich der Erbauseinandersetzung der Erbengemeinschaft

256 Eine Ausgleichspflicht mit den Regelungen der Auseinandersetzung begründend u. a. BeckOK BGB/*Schöne*, 68. Edition, Stand: 01.11.2023, § 727 Rn. 18; *Bratke*, S. 153; Ebenroth/Boujong/Joost/Strohn/*Lorz*, § 139 Rn. 23; *Gebel*, BB 1995, 173, 174 f.; *Grashoff*, S. 56; Heymann/*Emmerich*, § 139 Rn. 34; *K. Schmidt*, § 45 V 5 lit. b); *Menold*, S. 143 ff.; MHdB GesR I/*Klein/Lindemeier*, § 81 Rn. 36; MüKo BGB/*Gergen*, § 2032 Rn. 81; MüKo HGB/*Karsten Schmidt/Fleischer*, § 139 Rn. 22; *Lange/Horn*, ZEV 2021, 1, 5; Oetker/*Kamanabrou*, § 131 Rn. 22; *Rüthers*, AcP 1968, 263, 280 f.; Sudhoff/*Froning*, § 44 Rn. 40; wohl auch jurisPK-BGB/*Bergmann* § 727 Rn. 17 f.; einschränkend Soergel/*Wolf*, 13. Aufl., § 2032 Rn. 25, der primär auf eine Analogie zu den §§ 2050 ff. BGB und nur im Falle dessen, dass es sich bei den Miterben nicht um Abkömmlinge handelt, auf die Grundsätze der Auseinandersetzung zurückgreifen möchte.

257 So *Bratke*, S. 153; Sudhoff/*Froning*, § 44 Rn. 40; anders Ebenroth/Boujong/Joost/Strohn/*Lorz*, § 139 Rn. 23, der sich auf den Hinweis beschränkt, dass die qualifizierte Nachfolgeklausel zu einer sich automatisch vollziehenden Teilerbauseinandersetzung führt.

258 BeckOK BGB/*Schöne*, 68. Edition, Stand: 01.11.2023, § 727 Rn. 18; jurisPK-BGB/*Bergmann*, § 727 Rn. 17; *K. Schmidt*, a. a. O.; *Lange/Horn*, ZEV 2021, 1, 3; *Menold*, S. 148; MüKo BGB/*Gergen*, § 2032 Rn. 81; MHdB GesR I/*Klein/Lindemeier*, § 81 Rn. 36; *Rüthers*, AcP 1968, 263, 281.

259 Heymann/*Emmerich*, § 139 Rn. 31; jurisPK-BGB/*Bergmann*, a. a. O.; *Keller*, ZEV 2001, 297, 299.

260 BeckOGK BGB/*von Proff zu Irnich*, Stand: 15.12.2023, § 727 Rn. 77; Ebenroth/Boujong/Joost/Strohn/*Lorz*, § 139 Rn. 23; *Gebel*, BB 1995, 173, 174 f.; *K. Schmidt*, § 45 V 5 lit. b); MüKo HGB/*Karsten Schmidt/Fleischer*, § 139 Rn. 22; Oetker/*Kamanabrou*, § 131 Rn. 22.

suchen, besteht auch hier keine Einigkeit über die einschlägige Anspruchsgrundlage. Im Einzelnen:

a. § 2048 S. 1 BGB (analog)

Vereinzelt wird die Vorschrift des § 2048 S. 1 BGB explizit als heranzuziehende Anspruchsgrundlage für die Ausgleichspflicht genannt,[261] teilweise auch in analoger Anwendung.[262] Zur Begründung hierzu wird angeführt, dass der Erblasser mittels der Fassung einer qualifizierten Nachfolgeklausel eine auf den Erbfall vollzogene Teilungsanordnung getroffen habe.[263] Eine Analogie sei nach einem Vertreter dieser Auffassung jedoch notwendig, da – anders als bei der Teilungsanordnung – der bedachte Miterbe durch die qualifizierte Nachfolgeklausel nicht nur einen obligatorischen Anspruch auf den Gesellschaftsanteil erhalte, sondern ein dinglicher Übergang stattfinde.[264] Die Vergleichbarkeit der Interessenlage begründe sich damit, dass auch bei der Teilungsanordnung der Miterbe zum Ausgleich verpflichtet sei, wenn der ihm zugewiesene Nachlassgegenstand wertmäßig seine Erbquote überschreite.[265]

b. Ausgleichspflicht ohne positivrechtliche Grundlage

Wieder andere nehmen eine Ausgleichspflicht auch ohne positivrechtliche Grundlage an, da diese nicht erforderlich sei.[266] Der Gesellschaftsanteil gehöre trotz seiner Vererbung im Wege der Sondererbfolge zum Nachlass, wobei die ggf. vorhandene Wertdifferenz im Falle einer Miterbenstellung des Nachfolgers auszugleichen sei.[267] Da der Gesellschaftsanteil dem durch die qualifizierte Nachfolge bedachten Miterben mit dem Erbfall automatisch zufalle, sei die Rechtslage nicht anders zu beurteilen, als wäre ihm der Gesellschaftsanteil im Rahmen einer Teilauseinandersetzung der Erbengemeinschaft übertragen worden.[268] Die qualifizierte Nachfolgeklausel wirke dabei wie eine ipso iure

---

261 Sudhoff/*Froning*, § 44 Rn. 40, der die Anwendung der Teilungsanordnungsvorschrift befürwortet.

262 *Bratke*, S. 153; wohl auch *Ulmer*, ZGR 1972, 324, 327 f., der die aufgezeigte Parallele zur Teilungsanordnung als nützlich bezeichnet, jedoch in FS Schilling, S. 88 ff. für eine analoge Anwendung von § 1978 BGB plädiert.

263 Sudhoff/*Froning*, a. a. O.

264 *Bratke*, a. a. O.

265 *Bratke*, a. a. O.

266 MüKo HGB/*Karsten Schmidt/Fleischer*, § 139 Rn. 22.

267 Ebd.

268 *K. Schmidt*,§ 45 V 5 lit. b), MüKo HGB/*Karsten Schmidt/Fleischer*, § 139 Rn. 22.

vollzogene Teilungsanordnung.[269] Aus letztgenannter Argumentation werden die Vertreter dieser Ansicht teilweise so verstanden, als wurzele die Ausgleichspflicht auf § 2048 S. 1 BGB.[270]

c. *§ 2047 I BGB bzw. §§ 2047 I BGB analog, 2042 II, 753 I 2 BGB bzw. §§ 2042, 2047 BGB*

Andere möchten eine Ausgleichspflicht mit § 2047 I BGB begründen, wobei insoweit auf den Wortlaut der Norm hingewiesen wird, der von einer verhältnismäßigen Verteilung der Erbteile spricht.[271]

Zum Teil wird auch eine entsprechende Anwendung des § 2047 I BGB befürwortet, ohne dass dies näher begründet wird.[272] Entscheidend für den Wertausgleich sei, dass der Gesellschaftsanteil aufgrund seiner Nachlasszugehörigkeit in die Überschussverteilung einzubeziehen sei.[273] § 2047 I BGB setze nicht voraus, dass der betreffende Nachlassgegenstand auch der gesamthänderischen Bindung der Erbengemeinschaft unterliegt.[274] Letztgenannter Vertreter sieht die Anspruchsgrundlage in §§ 2047 I BGB analog, 2042 II, 753 I 2 BGB.[275]

Wieder andere sehen die Ausgleichspflicht in §§ 2042, 2047 BGB begründet. Zur Begründung wird wiederum angeführt, dass die qualifizierte Nachfolgeklausel wie eine vorab vollzogene Auseinandersetzungsanordnung wirke.[276] Eine Gesamtschau der Normen der Erbauseinandersetzung rechtfertige, die Anspruchsgrundlage in den §§ 2042, 2047 BGB zu verorten.[277] Denn die Verteilung eines Überschusses setze zwingend voraus, dass zuvor die Nachlassverbindlichkeiten getilgt, die Auseinandersetzungsanordnungen gemäß § 2048 S. 1 BGB erfüllt, etwaige Ausgleichungen nach den §§ 2050 ff. BGB vorgenommen und sonstige Ansprüche der Miterben beglichen werden, wobei zu den letztgenannten sonstigen Ansprüchen eben die Ausgleichspflicht des Gesellschaftermiterben zählen würde.[278]

---

269 *K. Schmidt,*§ 45 V 5 lit. b).

270 So interpretiert *Grashoff,* S. 56 wohl die Ansicht von *K. Schmidt* und *Rüthers.*

271 BeckOGK BGB/*von Proff zu Irnich,* Stand: 15.12.2023, § 727 Rn. 78; ebenso i. E. *Rüthers,* AcP 1968, 263, 280.

272 *Grashoff,* S. 56.

273 Ebd.

274 Ebd.

275 Ebd.

276 *Lange/Horn,* ZEV 2021, 1, 5.

277 Ebd.

278 Ebd.

d. *Ausgleichspflicht aus dem Auseinandersetzungsplan*

Vereinzelt wird die Auffassung vertreten, dass sich die Ausgleichspflicht des nachfolgeberechtigten Miterben aus dem Auseinandersetzungsplan ergebe.[279] Die Ausgleichspflicht resultiere aus dem Umstand, dass der Gesellschaftsanteil als Nachlassgegenstand bei der Auseinandersetzung zu berücksichtigen sei und die Verteilung nach der Erbquote wegen § 2047 I BGB für die Erben bindend sei.[280] Der Vertreter dieser Auffassung bedient sich zur Herleitung der Ausgleichspflicht ebenfalls dem Vergleich zur rechtsgeschäftlichen Teilauseinandersetzung[281] und der überquotalen Teilungsanordnung,[282] wenngleich er darauf hinweist, dass der Vergleich zur überquotalen Teilungsanordnung nur plastisch darstellen solle, wie sich der Ausgleich unter den Miterben vollziehe.[283]

11. Annahme einer Ausgleichspflicht unter Forderung einer gesetzlichen Normierung

Wieder andere gehen mit der heute einhelligen Auffassung von einer Ausgleichspflicht des nachfolgeberechtigten Miterben aus, fordern jedoch explizit wegen des Fehlens einer konkreten Ausgleichspflicht eine gesetzliche Normierung für den Ausgleich.[284]

12. Stellungnahme

a. *Keine Ausgleichspflicht*

Zutreffend wurde bereits darauf hingewiesen, dass selbst bei Fehlen einer entsprechenden Anspruchsgrundlage im Gesetz nicht zwingend ein Ausgleich abzulehnen sei, da beispielsweise auch die allgemein anerkannte culpa in contrahendo oder der Vertrag mit Schutzwirkung zugunsten Dritter auf keiner positivrechtlichen Normierung beruhen.[285]

Ebenso wenig überzeugt es, eine Ausgleichspflicht mit dem Hinweis abzulehnen, dass die gesetzlichen Ausgleichungs- und Anrechnungspflichten mit der Sondererbfolge in einen Gesellschaftsanteil nichts zu tun haben. Ein

---

279 *Menold*, S. 147 ff.
280 *Menold*, S. 149.
281 *Menold*, S. 146 f.
282 *Menold*, S. 148.
283 *Menold*, a. a. O.
284 *Röthel*, 68. DJT 2010, A. 42.
285 *Michalski*, S. 196.

substanzhaltiges Argument ist mit diesem Einwand nicht verbunden. Ob die Vererbung eines Gesellschaftsanteils einer Personengesellschaft z. B. unter die Ausgleichungsvorschriften der §§ 2050 ff. BGB – wenn auch im Wege einer Analogie – zu subsumieren ist, bedarf einer Auseinandersetzung mit den jeweiligen Tatbestandsmerkmalen und kann nicht unsubstantiiert verneint werden.

Gleichermaßen wenig überzeugt die Behauptung, dass der Wille eines kaufmännischen Erblassers regelmäßig darauf gerichtet sei, dass der nachfolgende Miterbe neben dem Gesellschaftsanteil noch zusätzlich seinen Erbanteil erhalte. Ebenso denkbar ist, dass der Erblasser mit der Zuwendung des Gesellschaftsanteils von einer ausreichenden Beteiligung des nachfolgenden Miterben ausgeht und dieser gerade nicht eine darüber hinausgehende Beteiligung des nachfolgenden Erben am Restnachlass wünscht. Was im Einzelfall von dem Erblasser gewollt ist, ist durch Auslegung zu ermitteln und kann nicht pauschal beantwortet werden. Gerade wenn der Gesellschaftsanteil einen erheblichen oder den nahezu gesamten Wert des Nachlasses ausmacht und der Erblasser in Kenntnis dieses Umstandes seine Erben in gleichen Erbquoten bedenkt, liegt es ebenso nahe, dass der Erblasser einen entsprechenden Ausgleich des bedachten Miterben wünscht. Es überzeugt also schon auf tatsächlicher Ebene nicht, generalisierend von einem entsprechenden Willen des Erblassers auszugehen.

Unabhängig von dieser aus Sicht des Verfassers irrtümlichen Annahme auf tatsächlicher Ebene, ist der Wille des Erblassers im Hinblick auf diese Privilegierung aber auch nur dann zu achten, wenn er rechtlich wirksam erklärt wurde. Möchte der Erblasser eine entsprechende Privilegierung des nachfolgenden Miterben erreichen, hat dieser sich entsprechender erbrechtlicher Gestaltungsmittel zu bedienen.[286]

Ebenso wenig überzeugt, dass die Annahme der Sondererbfolge zwangsläufig zu einer Billigung der Wertverteilung zwischen den Miterben durch den Gesellschaftsvertrag führe. Die qualifizierte Nachfolgeklausel hat – was im Grundlagenteil dieser Arbeit bereits herausgearbeitet wurde – lediglich zum Zweck, den Gesellschaftsanteil vererblich zu stellen. Über die Wertverteilung zwischen den Miterben kann der Gesellschaftsvertrag schon deshalb keine Aussage treffen, weil dieser von allen Gesellschaftern gemeinsam beschlossen wird. Würde man tatsächlich davon ausgehen, dass hiermit auch eine für das Erbrecht verbindliche Wertverteilung beschlossen werden kann, so wäre dies im

---

286 I. E. ebenso *Menold,* S. 153 und *Rüthers,* AcP 1968, 263, 281, die zutreffend darauf hinweisen, dass eine wirksame Erklärung einen in der erbrechtlich notwendigen Form erklärten Willen voraussetzt.

Hinblick auf die materielle Höchstpersönlichkeit problematisch. Denn regelmäßig wird nicht der Erblasser allein die Implementierung einer qualifizierten Nachfolgeklausel in den Gesellschaftsvertrag beschließen können, sondern ist hierbei vielmehr auf einen Mehrheitsbeschluss der Gesellschafterversammlung angewiesen. Mithin hätten es Dritte nach dieser Auffassung in der Hand, über die Wertverteilung des Nachlasses des Erblassers zu entscheiden. § 2065 BGB verbietet es aber dem Erblasser gerade, dass ein anderer über die Höhe der Erbquoten bestimmt.[287] Vor diesem Hintergrund erscheint es verfehlt, wenn angenommen wird, dass der Gesellschaftsvertrag bindend über die Wertverteilung zwischen den Miterben entscheide.

b. §§ 2050 ff. BGB analog

Zunächst wurde bereits in der Literatur zutreffend festgehalten, dass sich eine Analogie zu den §§ 2050 ff. BGB nur mit einer mehrfachen Analogiebildung begründen lässt, da die §§ 2050 ff. BGB in ihrer direkten Anwendung nur für Abkömmlinge gilt, die lebzeitige Zuwendungen von dem Erblasser erhalten haben.[288]

Eine Analogie, wie sie teilweise im Hinblick auf die §§ 2050 ff. BGB vertreten wird, setzt zwangsläufig voraus, dass die Voraussetzungen für eine Analogiebildung gegeben sind. Es müsste mithin eine planwidrige Regelungslücke im Gesetz bestehen und eine vergleichbare Interessenlage, d. h. der nicht geregelte Sachverhalt müsste in tatsächlicher und rechtlicher Hinsicht so nah an dem geregelten Sachverhalt sein, dass der Gesetzgeber im Rahmen seiner hypothetischen Interessenabwägung zum gleichen Abwägungsergebnis gekommen wäre wie bei dem geregelten Fall.[289] Problematisch wird die Anwendung von § 2050 BGB insbesondere dann, wenn der Erblasser nicht nur von seinen Abkömmlingen, sondern auch von anderen Personen beerbt wird, da § 2050 BGB seinem Wortlaut nach nur auf Abkömmlinge anwendbar ist. Einige Vertreter in der Literatur halten wegen des eindeutigen Wortlauts eine Analogie im Hinblick auf den erfassten Personenkreis für nicht möglich.[290] Wieder andere argumentieren mit dem Zweck der Vorschrift, der nur eine Gleichbehandlung der Abkömmlinge beabsichtige.[291]

---

287 MüKo BGB/*Leipold*, § 2065 Rn. 43.

288 Zutreffend insoweit *Grashoff*, S. 56, der jedoch allgemeiner von gesetzlichen Erben spricht.

289 BGH, Urteil vom 04.08.2010 – XII ZR 118/08, NJW 2010, 3087, 3087.

290 *Marotzke*, AcP 1984, 541, 563; Staudinger/*Baldus*, § 2050 Rn. 51.

291 Erman/*Bayer*, § 2050 Rn. 12.

Soweit eine Analogie in Betracht gezogen wird, erscheint es aber primär sinnvoll aus den Gesetzesmaterialien Rückschlüsse zu ziehen, ob die Voraussetzungen für eine Analogiebildung gegeben sind. Diese historische Betrachtung zeigt, dass der Gesetzgeber bei der Schaffung der Ausgleichspflichten auch andere Miterben im Blick gehabt hat, sich jedoch bewusst gegen eine Ausweitung der Ausgleichspflicht entschied.[292] Das nahe Verhältnis zwischen Eltern und Abkömmlingen rechtfertige die Annahme, dass der Erblasser bei bestimmten Zuwendungen eine Gleichbehandlung seiner Abkömmlinge beabsichtige, jedoch würde die Ausweitung auf andere Erben jeder sicheren Grundlage entbehren.[293] Im Ergebnis ist insofern der Literatur zuzustimmen, wenn diese eine Ausweitung auf andere Miterben ablehnt.[294] §§ 2050 ff. BGB können insofern dann nicht zu Begründung einer Ausgleichspflicht herangezogen werden, wenn andere Erben als die Abkömmlinge des Erblassers bedacht sind. Vor dem Hintergrund, dass eine Erbengemeinschaft oftmals zumindest auch aus einem Ehegatten besteht, erscheint die Lösung über die §§ 2050 ff. BGB bereits aus diesem Grund wenig hilfreich.

Soweit es sich bei den bedachten Miterben tatsächlich nur um ausgleichspflichtige Personen handelt, die nach dem eben gesagten unter den Anwendungsbereich der Norm subsumiert werden können, müsste es sich bei dem Gesellschaftsanteil gem. § 2050 I BGB um eine Ausstattung handeln, die der Miterbe als Ausstattung zu Lebzeiten des Erblassers erhalten hat. Das Gesetz legaldefiniert die Ausstattung in § 1624 I BGB als das, was einem Kind mit Rücksicht auf seine Verheiratung, auf seine Begründung einer Lebenspartnerschaft oder auf die Erlangung einer selbständigen Lebensstellung zur Begründung oder zur Erhaltung der Wirtschaft oder der Lebensstellung von dem Vater oder der Mutter zugewendet wird. Der Gegenstand der Zuwendung kann dabei jeder Vermögenswert sein, insbesondere auch die Einräumung einer Gesellschafterstellung in einer Personengesellschaft.[295] Die Annahme einer Ausstattung setzt jedoch zwingend voraus, dass die notwendige Zwecksetzung gegeben ist.[296] Sie scheidet deshalb aus, wenn die Vermögensübertragung dem

292 Denkschrift des Reichsjustizamtes zum fünften Buche S. 264, zit. nach *Mugdan* V, S. 861.

293 Ebd.

294 Neben der bereits genannten auch *Huber*, S. 479 und *Flume*, S. 407, die jedoch (teilweise) von einer Zuwendung auf den Todesfall ausgehen; *Menold*, S. 158.

295 BeckOGK BGB/*Kienemund*, Stand: 01.11.2023, § 1624 Rn. 7.

296 MüKo BGB/*v. Sachsen Gessaphe*, § 1624 Rn. 5.

überwiegenden Interesse des Zuwendenden dient.[297] Unzutreffend ist insoweit die generalisierende Annahme, dass die Zuwendung einer Mitgliedschaft der Ausstattung stets vergleichbar sei.[298] Entscheidend ist viel mehr, eine Betrachtung des Zuwendungszwecks, insbesondere im Verhältnis von Haupt- und Nebenzwecken im Einzelfall.[299] Festzuhalten bleibt jedoch, dass ein Anteil an einer Personengesellschaft – bei Vorliegen eines entsprechenden Zuwendungszwecks – tauglicher Ausstattungsgegenstand sein kann. Für solche Ausstattungen sieht das Gesetz in § 2050 I BGB eine Ausgleichspflicht vor, ohne dass es einer entsprechenden Anordnung des Erblassers bedarf.

Problematischer dürfte es hingegen sein, wenn die Voraussetzungen für die Annahme einer Ausstattung nicht vorliegen. Eine Ausgleichspflicht kann § 2050 III BGB in diesem Fall nur dann eintreten, wenn der Erblasser die Ausgleichspflicht bei der Zuwendung angeordnet hat. Die Ausgleichsanordnung kann dabei auch konkludent erfolgen.[300] Von solch einer Ausgleichsanordnung kann nach Stimmen der Literatur immer dann ausgegangen werden, wenn der Erblasser den Gesellschaftsanteil als Nachlassbestandteil ansieht und in die Erbauseinandersetzung einbezogen wissen möchte, wobei für solch einen Willen eine Vermutung bestünde.[301] Das überzeugt schon deshalb nicht, weil andernfalls die gesetzgeberische Wertung, die für andere Zuwendungen als Ausstattungen in § 2050 III BGB eine Ausgleichsanordnung fordert, in ihr Gegenteil verkehrt würde.[302] Soweit wiederum mit einer Vermutung einer Einbeziehung für die quotale Verteilung des Gesellschaftsanteils argumentiert wird, begründen die Vertreter dieser Auffassung nicht, woraus sich diese Vermutungswirkung ergeben soll. Festzuhalten ist, dass eine Ausgleichspflicht über § 2050 III BGB nicht in Betracht kommt, wenn es an einer entsprechenden

---

297 Vgl. BayObLG, Beschluss vom 06.06.2003 – 3 Z BR 88/03, BeckRS 2003, 7743, das die Annahme einer Ausstattung ablehnte, weil der Zuwendende nur beabsichtige, ein ererbtes Anwesen für die Familie zu erhalten.

298 So aber *Flume,* S. 405.

299 Hierzu ausführlich *Jakob,* AcP 2007, 217 ff.

300 BeckOK BGB/*Lohmann*, 68. Edition, Stand: 01.11.2023, § 2050 Rn. 11.

301 *Brox*, ErbR, § 45 Rn. 17; *Michalski,* S. 197, der ausdrücklich eine Umkehrung des § 2050 III BGB befürwortet; anders *Säcker,* S. 95, der eine quotale Vermögensverteilung nur bei entsprechender Ausgleichsanordnung annehmen möchte und zudem bei diesen Ausführungen von einem Rechtsgeschäft unter Lebenden auf den Todesfall ausgeht.

302 Das hat *Huber,* S. 478 bereits festgestellt, der jedoch die Vielzahl der notwendigen Analogien in den Vordergrund stellt.

Ausgleichsanordnung mangelt. Das ergibt sich insoweit bereits aus dem Wortlaut des § 2050 III BGB, der explizit eine Ausgleichsanordnung fordert und in systematischer Hinsicht aus § 2050 I BGB, bei dem der Gesetzgeber gerade diese generalisierende Vermutung aufgestellt hat. Den Gesetzesmaterialien ist darüber hinaus zu entnehmen, dass der Gesetzgeber eine generalisierende Ausgleichsvermutung bewusst auf die in § 2050 I BGB genannten Zuwendungen beschränkt hat.[303] Der vermutete Wille des Erblassers der Gleichbehandlung wurde bewusst auf solche Zuwendungen beschränkt, *„die der Erblasser nach der Sitte des Lebens unter gleichen Verhältnissen voraussichtlich auch den anderen Abkömmlingen gemacht haben würde.*"[304] Diese Annahme sei nur bei Ausstattungen gerechtfertigt.[305] Den Gesetzesmaterialien ist folglich zu entnehmen, dass der vermutete Ausgleichswille des Erblassers auf dem besonderen Zuwendungszweck einer Ausstattung beruht, sodass sich auch hier – und nichts anderes versuchen die Vertreter dieser Auffassung – eine Analogie verbietet. Festzuhalten bleibt an dieser Stelle jedoch, dass – bei Vorliegen eines entsprechenden Zuwendungszwecks – die Annahme einer Ausstattung potenziell möglich es und es insofern nicht auf das Vorliegen einer Ausgleichsanordnung ankommen muss.

Gleichwohl muss die Zuwendung nach dem Wortlaut von § 2050 BGB zu Lebzeiten erfolgt sein. Der zugewandte Gegenstand muss also zu Lebzeiten des Erblassers vollständig aus dessen Vermögen ausgeschieden sein.[306] Das ist bei der Übertragung des Gesellschaftsanteils mittels qualifizierter Nachfolgeklausel und kongruenter letztwilliger Verfügung nicht der Fall, da es insoweit erst mit dem Erbfall zu einer entsprechenden Übertragung kommt. Bereits nach dem ausdrücklichen Wortlaut scheitert insofern die Annahme einer Ausgleichspflicht.

Teilweise wird jedoch im Rahmen eines Erst-Recht-Schlusses argumentiert, dass Zuweisungen auf den Todesfall erst recht erfasst sein müssen.[307] Letzteres ist nachvollziehbar, wenn man in der Übertragung des Gesellschaftsanteils nach der gesellschaftsrechtlichen Lösung ein Rechtsgeschäft unter Lebenden auf den Todesfall annimmt.[308]

---

303 Denkschrift des Reichsjustizamtes zum fünften Buche S. 265, zit. nach *Mugdan* V, S. 862.

304 Ebd.

305 Ebd.

306 BeckOK BGB/*Lohmann*, 68. Edition, Stand: 01.11.2023, § 2050 Rn. 6.

307 *Flume,* S. 405.

308 So *Flume,* S. 376 f. und S. 405.

Wenn jedoch mit der erbrechtlichen Lösung von einer Übertragung kraft Erbrechts ausgegangen wird, erscheint die Begründung problematischer. Hier wird eingewandt, dass zwischen einem rechtsgeschäftlichen Erwerb und dem Erwerb kraft Erbrechts kein Wertungsunterschied bestünde.[309] Im Hinblick auf den Umfang einer etwaigen Ausgleichspflicht unterscheiden sich die Sachverhalte jedoch erheblich: Soweit die Übertragung zu Lebzeiten des Erblassers erfolgt ist, ist die ausgleichspflichtige Zuwendung bereits im Vermögen des Ausgleichspflichtigen vorhanden. Entscheidet dieser sich für die Ausschlagung der Erbschaft, so ist dieser nicht mehr zu Ausgleichung verpflichtet.[310] Im Rahmen des hiesigen Falles der Nachfolge in einen Gesellschaftsanteil in einer Personengesellschaft stellt sich der Fall anders dar: Erst mit Eintritt des Erbfalls erwirbt der Ausgleichspflichtige kraft Erbrechts den Gesellschaftsanteil. Soweit man auch in diesem Fall eine Ausgleichspflicht des Miterben annehmen würde, stünde dieser vor der Wahl, ob er entweder die Erbschaft annimmt und einen entsprechenden Ausgleich vornimmt oder aber er ausschlägt und lediglich seinen Pflichtteil gem. § 2306 I BGB geltend macht. Auf die ausgleichspflichtige Zuwendung müsste der Miterbe in diesem Fall jedoch verzichten. Im Rahmen der Analogiebildung würde sich die Ausgleichspflicht im hiesig besprochenen Fall also verstärken, sodass nicht ohne weiteres von einer vergleichbaren Interessenlage ausgegangen werden kann.

Entscheidend dürfte jedoch sein, dass eine Analogiebildung regelmäßig jedenfalls an dem Normzweck der §§ 2050 ff. BGB scheitert. Wie dargelegt, dienen die §§ 2050 ff. BGB der Verwirklichung eines vermuteten Erblasserwillens. Die Vorschriften gehen davon aus, dass der Erblasser seine Abkömmlinge regelmäßig gleich behandeln will, weshalb im Rahmen der Auseinandersetzung der Erbengemeinschaft etwaige Vorempfänge berücksichtigt werden sollen. In der hiesigen Frage, ob ein nachfolgeberechtigter Miterbe den nicht nachfolgeberechtigten Miterben hingegen ausgleichspflichtig ist, kann diese Vermutungswirkung nicht fruchtbar gemacht werden. Denn insoweit fehlt es an einer tatsächlichen Grundlage, die eine entsprechende Vermutung des Willens des Erblassers rechtfertigen würde. Einem Erblasser, der Kenntnis von einer qualifizierten Nachfolgeklausel hat, kann nicht ohne weiteres unterstellt werden, dass er seine Miterben gleich behandeln will. Entweder ergibt sich insoweit bereits aus der qualifizierten Nachfolgeklausel selbst, dass nur

---

309 Henssler/Strohn/*Klöhn*,§ 139 Rn. 28.

310 Wenngleich es zu einer Erweiterung des ausgleichspflichtigen Personenkreises nach § 2051 BGB kommt.

bestimmte Miterben des Erblassers in den Gesellschaftsanteil des Erblassers einrücken können, sodass diesem insoweit bereits bewusst ist, dass es zu einer ungleichmäßigen Verteilung seines Nachlasses kommt. Der Unterschied zu dem gesetzlich geregelten Fall der Ausgleichspflicht ist also darin begründet, dass die qualifizierte Nachfolgeklausel die gesetzgeberische Vermutung der Gleichbehandlung erschüttert. Oder aber der Erblasser gestaltet mittels einer letztwilligen Verfügung aktiv die Nachfolge in seinen Gesellschaftsanteil, in dem er den von der qualifizierten Nachfolgeklausel geschaffenen Gestaltungsrahmen nach seinem Belieben ausnutzt, was ebenfalls der Annahme der Vermutungswirkung der §§ 2050 ff. BGB entgegensteht, soweit er sich dabei Erbquoten bedient, die nicht den gesetzlichen Erbquoten oder zumindest deren Verhältnis entsprechen.[311]

Letztlich scheint auch § 2056 S. 1 BGB einer Ausgleichspflicht entgegenzustehen. Nach § 2056 S. 1 BGB hat ein Miterbe für den Fall, dass er durch die ausgleichspflichtige Zuwendung mehr erhalten hat als ihm bei der Auseinandersetzung zukommen würde, den Mehrbetrag nicht auszugleichen. Teilweise wird sich für eine teleologische Reduktion des § 2056 S. 1 BGB ausgesprochen.[312] Begründet wird dies damit, dass § 2056 S. 1 BGB den Miterben davor schützen wolle, dass er ggf. erst Jahrzehnte später einen Vorempfang auszugleichen habe, was jedoch im hiesigen Falle nicht zu fürchten sei, da erst im Todeszeitpunkt die Verfügung von Todes wegen Wirksamkeit erlange und somit die überquotale Beteiligung und die hieraus resultierende Ausgleichspflicht gleichzeitig wirksam werden würde.[313] Das ändert jedoch nichts an dem Umstand, dass die §§ 2050 ff. BGB grundsätzlich nur derart ausgestaltet sind, dass sie in ihrer Rechtsfolge eine Anrechnungspflicht statuieren. Das weitere Hindernis des § 2056 BGB möchten die Vertreter wiederum mit einer Einengung des Gesetzestextes versuchen, nachdem in den meisten Fällen schon zwei weitere Analogien notwendig sind (z. B. bei Miterben, die keine Abkömmlinge sind und der Gesellschaftsanteil gerade keine Ausstattung darstellt), um überhaupt in den Anwendungsbereich zu § 2050 BGB zu gelangen. Mit dieser weiteren teleologischen Reduktion verändert sich der Wesensgehalt der Ausgleichspflichten

---

311 Vgl. § 2052 BGB.

312 *Brox*, ErbR, § 45 Rn. 17; MüKo BGB/*Schäfer*, 8. Aufl., § 727 Rn. 46; *Säcker*, S. 95 ff.; *Westermann*, Rz. 542; dagegen *Heckelmann*, FG v. Lübtow, 619, 625 f.; *Marotzke*, AcP 1984, 541, 564 ff.

313 *Brox*, a. a. O.; *Säcker*, S. 96; *Westermann*, a. a. O., der ebenfalls darauf hinweist, dass der Miterbe bei einer Verfügung zu Lebzeiten nicht damit rechnen muss, noch einmal etwas zu zahlen.

grundlegend, indem diese von einer Anrechnung zu einer echten Zahlungspflicht umfunktioniert werden. Der weitere Versuch über eine teleologische Reduktion sodann eine Ausgleichsnorm für die hiesige Ausgleichsproblematik zu finden, zeigt erneut, dass die gesetzlichen Ausgleichsnormen nach den §§ 2050 ff. BGB diese Problematik nicht befriedigend lösen können.[314]

Eine Ausgleichspflicht über eine Analogie zu den §§ 2050 ff. BGB ist deshalb abzulehnen.

c. § 812 I 1 2. Alt. BGB

Im Hinblick auf die hergeleitete Eingriffskondiktion gem. § 812 I 1 2. Alt. BGB wäre erforderlich, dass der eintretende Miterbe in sonstiger Weise auf Kosten der weichenden Miterben etwas ohne Rechtsgrund erlangt hat. Die Rechtsgrundlage wird vereinzelt als unpassend abgelehnt, da sie nur hälftig die Ausgleichsproblematik löse, da für die Anrechnung bis zur Höhe der Erbquote auf die Auseinandersetzungsregeln zurückgegriffen werde.[315] Zudem biete das Bereicherungsrecht keine Antwortmöglichkeit auf die Frage, warum und wann eine Übertragung der Mitgliedschaft über Gebühr erfolge.[316] Den erst genannten Argumentationspunkt trifft wohl jedweden Begründungsversuch einer Ausgleichspflicht, soweit diese nicht allein in den Auseinandersetzungsregeln gesucht wird. Aber auch der letztgenannte Gesichtspunkt lässt sich nicht zur Ablehnung einer Ausgleichspflicht anführen. Das Bereicherungsrecht möchte gewährleisten, dass solche Vermögensverschiebungen rückgängig gemacht werden, die ohne Rechtsgrund erfolgt sind, wobei die Betrachtung, ob ein Rechtsgrund für die Vermögensverschiebung gegeben ist, anhand der Gesamtheit der Rechtsordnung zu erfolgen hat.[317] Im hiesigen Fall muss also nicht das Bereicherungsrecht die Antwort auf die Frage geben, ob eine Übertragung des Gesellschaftsanteils über Gebühr erfolgt ist. Ausreichend ist insoweit, wenn sich dies aus einem Gesamturteil der Rechtsordnung ergibt. Der hiergegen erhobene Einwand führt also ins Leere.

Entscheidend gegen die Lösung über das Bereicherungsrecht sprechen viel mehr zwei andere Aspekte: Erstens erfordert ein bereicherungsrechtlicher

314 Ebenso *Huber*, S. 53, der die mehrfache Anpassung des eigentlichen Gesetzestextes als völlige Veränderung des Normcharakters betitelt; ebenso kritisch *Marotzke*, AcP 1984, 541, 566, der insoweit von einer exzessiven Auslegung der Norm spricht.

315 *Menold*, S. 161.

316 *Menold*, S. 160.

317 BeckOK BGB/*Wendehorst*, 68. Edition, Stand: 01.11.2023, § 812 Rn. 3.

Anspruch aus einer Eingriffskondiktion, dass das erlangte Etwas auf Kosten des Bereicherungsgläubigers in sonstiger Weise in das Vermögen des Bereicherungsschuldners gelangt ist. Eine Bereicherung auf Kosten des Bereicherungsgläubigers ist nur dann anzunehmen, wenn die Vermögensverschiebung unmittelbar aus dem Vermögen des Bereicherungsgläubigers erfolgt, sodass das erlangte Etwas bis zu dem den Bereicherungsanspruch auslösenden Ereignis dem Vermögen des Bereicherungsgläubigers zugehörig gewesen sein muss.[318] Das ist de facto bei der hiesigen Übertragung eines Gesellschaftsanteils nicht der Fall. Der nach der qualifizierten Nachfolgeklausel bedachte Miterbe tritt im Erbfall im Wege der Vollnachfolge in den Gesellschaftsanteil des Erblassers ein. Der Gesellschaftsanteil geht also automatisch auf den bedachten Miterben über, ohne dass dieser zuvor dem Gesamthandsvermögen der Erbengemeinschaft zugehörig ist. Er ist insofern nicht dem Vermögen der weichenden Miterben zugewiesen.

Zweitens bereitet aber auch die Rechtsfolgenseite des Bereicherungsrechts der Argumentation Probleme: Nach § 812 I 1 BGB ist der Bereicherungsschuldner zur Herausgabe des erlangten Etwas verpflichtet. Die primäre Verpflichtung besteht also in der Rückgewähr genau des Vorteils, der dem Bereicherungsschuldner ohne Rechtsgrund zugeflossen ist.[319] Gegenstand der Bereicherung ist aber der Gesellschaftsanteil als solcher,[320] sodass nach dem Wortlaut des Gesetzes allenfalls dieser Kondiktionsgegenstand wäre. Weder dem Bereicherungsgläubiger noch dem Bereicherungsschuldner steht ein einseitiges Recht zu, anstatt der Naturalherausgabe Geldersatz zu leisten, wenn der Bereicherungsgegenstand als solcher noch herausgegeben werden kann.[321] Es besteht also insofern grundsätzlich ein Vorrang der Naturalrestitution. Zwar kann sich ein entsprechender Wertersatzanspruch aus § 818 II BGB im Falle der Unmöglichkeit ergeben. Erforderlich hierzu wäre allerdings, dass der eintretende Miterbe zur Herausgabe des Gesellschaftsanteils außerstande ist. Das wäre der Fall, wenn ein Leistungshindernis nach den § 271 I–III BGB bestehen würde.[322] Das kann in der Pauschalität, wie es offenbar der Vertreter

---

318 BGH, Urteil vom 18.12.2008 – I ZR 63/06, GRUR 2009, 515, 519; BeckOK BGB/*Wendehorst*, 68. Edition, Stand: 01.11.2023, § 812 Rn. 134.

319 MüKo BGB/*Schwab*, § 812 Rn. 1.

320 Ebenso selbst *Heckelmann*, 619, 627, der die Inhaberschaft am vollen Gesellschaftsanteil als Kondiktionsgegenstand benennt.

321 BeckOK BGB/*Wendehorst*, 68. Edition, Stand: 01.11.2023, § 818 Rn. 18.

322 BeckOK BGB/*Wendehorst*, 68. Edition, Stand: 01.11.2023, § 818 Rn. 21.

dieser Ansicht annimmt,[323] nicht bejaht werden. Unzutreffend wäre es insoweit darauf abzustellen, dass der weichende Miterbe nicht die Eintrittsvoraussetzungen der qualifizierten Nachfolgeklausel erfüllt. Denn faktisch würde sich die Übertragung zwischen dem eintretenden Miterben und den weichenden Miterben nicht unter die qualifizierte Nachfolgeklausel subsumieren lassen, da insoweit keine Rechtsnachfolge von Todes wegen vorläge. Vielmehr stünde eine rechtsgeschäftliche Übertragung des Gesellschaftsanteils im Raum, die den Zustimmungserfordernissen der übrigen Gesellschafter unterläge. Erteilen die Gesellschafter zu der Übertragung des Gesellschaftsanteils ihre Zustimmung, wäre eine Übertragung unzweifelhaft möglich.[324] Der Vertreter dieser Ansicht irrt also, wenn er pauschal von einem aus Bereicherungsrecht folgenden Zahlungsanspruch des eintretenden Miterben ausgeht. Die Umwandlung in einen Zahlungsanspruch setzt voraus, dass eine Naturalrestitution in Gestalt der Übertragung des Gesellschaftsanteils scheitert. Das kann nur im Einzelfall entschieden werden.

Ungeachtet von diesem Ergebnis erscheint es aber wenig überzeugend, einen etwaigen Ausgleichsanspruch im Bereicherungsrecht zu suchen, wenn sich dieser bereits aus den Auseinandersetzungsvorschriften der Erbengemeinschaft ergibt, was im Folgenden noch zu untersuchen sein wird.[325]

d. § 242 BGB

Gegen die Annahme einer Ausgleichspflicht aus § 242 BGB wurde in der Vergangenheit bereits eingewendet, dass der Anspruchscharakter der Norm fraglich sei.[326] Zudem sei § 242 BGB insoweit nicht passend, da es bei der Rechtsfrage der Ausgleichspflicht nicht um zwei sich gegenüberstehender Vertragspartner ginge, sondern viel mehr um die Ermittlung des Erblasserwillens.[327] Wieder andere kritisieren, dass die bloße Annahme einer Bevorzugung kein unredliches Verhalten darstellen kann, soweit man diese Bevorzugung als von der Rechtsordnung zulässig anerkennt.[328]

---

323 *Heckelmann,* 619, 627, der ohne nähere Begründung von einem Wertausgleich spricht.

324 Für die GbR, vgl. MüKo BGB/*Schäfer,* 8. Aufl., § 719 Rn. 21; für die OHG: Ebenroth/Boujong/Joost/Strohn/*Wertenbruch,* § 105 Rn. 274.

325 Vgl. 3. Kapitel III. 12. j.

326 *Bratke,* S. 152 f.; *Säcker,* S. 90; dagegen *Michalski,* S. 194.

327 *Tiedau,* MDR 1957, 641, 642.

328 *Huber,* S. 480 f.

Zutreffend wurde bereits darauf hingewiesen, dass der Annahme einer Ausgleichspflicht aus § 242 BGB noch ein anderes Verständnis der Nachfolge zugrunde lag.[329] Ob der Bundesgerichtshof deshalb auch heute noch eine Ausgleichspflicht mit Treu und Glauben begründen würde, ist zweifelhaft. Der bisherige Begründungsansatz lässt vermuten, dass hiervon nicht auszugehen ist. Denn – wie dargelegt – begründet der Bundesgerichtshof die Ausgleichspflicht aus Treu und Glauben im Kontext des Ausschlusses des Abfindungsanspruchs der weichenden Miterben und dem hieraus resultierenden Übertragungsanspruch des Gesellschaftermiterben gegenüber den übrigen Gesellschaftern. Der Umstand, dass der Gesellschaftermiterbe durch den Ausschluss der Abfindungsansprüche gegenüber den übrigen Gesellschaftern die Wiedereinräumung der ursprünglichen Gesellschafterstellung des Erblassers verlangen kann, rechtfertigt nach Ansicht des Bundesgerichtshofs die Ausgleichspflicht gegenüber den übrigen Miterben aus Treu und Glauben. Mit seinem Rechtsprechungswechsel, in welchem der Bundesgerichtshof sich zur Vollnachfolge in den Gesellschaftsanteil bekannt hat,[330] fehlt es jedoch nunmehr an einem Anknüpfungspunkt, der eine entsprechende Ausgleichspflicht des Gesellschaftermiterben begründen könnte. Denn insoweit existieren überhaupt keine Abfindungsansprüche der übrigen Miterben, da es wegen der Vollnachfolge in den Gesellschaftsanteil schon überhaupt keine Abfindungsansprüche geben kann, die ausgeschlossen werden müssten.[331]

Aber auch soweit man sich einmal inhaltlich mit der Auffassung des Bundesgerichtshofs auseinandersetzt, erscheint die Begründung einer Ausgleichspflicht über § 242 BGB unpassend zu sein. § 242 BGB soll im Kern dazu dienen, die Fairness im Rechtsverkehr sicherzustellen.[332] Die Rechtsprechung selbst bezeichnet die Grundsätze von Treu und Glauben als ein übergeordnetes Rechtsprinzip, das für besondere Ausnahmefälle als heranzuziehendes Korrektiv dient.[333] § 242 BGB dient dabei insbesondere auch als Einfallstor für eine richterliche Rechtsfortbildung.[334] Zu berücksichtigen ist jedoch, dass § 242 BGB

329 Hierauf weisen *Lange/Horn*, ZEV 2021, 1, 4 zutreffend hin, indem sie ausführen, dass der Bundesgerichtshof zu diesem Zeitpunkt noch von der Teilnachfolge und nicht der Vollnachfolge ausgegangen ist; ebenso *Bratke*, S. 152.

330 BGH, Urteil vom 10.02.1977 – II ZR 120/75, NJW 1977, 1339, 1342.

331 Ähnlich *Heckelmann*, FG v. Lübtow, 619, 627, der jedoch auf Erhalt der Identität der Mitgliedschaft abstellt.

332 MüKo BGB/*Schubert*, § 242 Rn. 2.

333 BGH, Beschluss vom 16.08.2017 – XII ZB 21/17, NJW-RR 2017, 1347, 1348 Rn. 22.

334 BeckOK BGB/*Sutschet*, 68. Edition, Stand: 01.11.2023, § 242 Rn. 2.

nicht dazu dienen kann, eine vom Gesetzgeber normierte Rechtsfolge durch eine aus Sicht des Richters billigere Rechtsfolge zu ersetzen.[335] Zutreffend geht die Rechtsprechung insoweit selbst davon aus, dass der richterlichen Rechtsfortbildung durch den Grundsatz der richterlichen Rechts- und Gesetzesbindung gemäß Art. 20 III GG deshalb dort Grenzen gesetzt sind, wo der Gesetzgeber eine Rechtsfolge für die streitige Rechtsfrage angeordnet hat.[336] Vor diesem Hintergrund ließe sich eine Anwendung des Grundsatzes von Treu und Glauben nur rechtfertigen, wenn eine etwaige Ausgleichspflicht nicht mit erbrechtlichen Normen begründet werden kann. Das wird im weiteren Verlauf dieser Arbeit zunächst zu untersuchen sein. Soweit die Ausgleichspflicht im Erbrecht zu finden ist, verbleibt für die Anwendung von § 242 BGB kein Raum.[337]

Zutreffend wurde darüber hinaus bereits angemerkt, dass die Annahme eines Verstoßes gegen Treu und Glauben im Falle der Nichtbeteiligung der übrigen Miterben nicht einleuchtend ist.[338] Denn die Rechtsordnung schreibt eine zwingende Gleichbehandlung der Miterben untereinander nicht vor, sodass insoweit mit der Korrektivfunktion des § 242 BGB nicht argumentiert werden kann.[339]

e. *„Geist der Rechtsordnung“*

Einer Anspruchsbegründung aus dem „Geist der Rechtsordnung“ bedarf es nicht, wenn eine Ausgleichspflicht mit den vorhandenen Normen des Erbrechts beantwortet werden kann. Gleichwohl sind die von diesem Vertreter genannten Gesichtspunkte, nämlich die Einbeziehung des Gesellschaftsanteils in den Nachlass und die Bedeutung der Erbquote für die Partizipation des jeweiligen Miterben am Nachlass, ebenso im Rahmen der – noch zu erörternden – Auseinandersetzungslösung von Relevanz.

---

335 Ebd.

336 BGH, Urteil vom 21.09.1998 – II ZR 89–97 (Celle), NJW 1998, 3771, 3771.

337 I. E. ähnlich *Michalski*, S. 194, der sich auf den Hinweis der subsidiären Anwendbarkeit von § 242 BGB beschränkt.

338 *Huber*, S. 480 f.

339 I. E. ebenso *Huber*, der wegen der Zulässigkeit der „beschränkten Nachfolgeklausel“ und der hiermit einhergehenden Bevorzugung des Miterben eine Anwendung von § 242 BGB ablehnt.

f. § 1978 BGB analog

§ 1978 I 1 BGB normiert, dass im Falle der Anordnung der Nachlassverwaltung oder der Eröffnung des Nachlassinsolvenzverfahrens der Erbe den Nachlassgläubigern für die bisherige Verwaltung des Nachlasses so verantwortlich ist, wie wenn er von der Annahme der Erbschaft an die Verwaltung für sie als Beauftragter zu führen gehabt hätte. § 1978 I 2 BGB bestimmt, dass auf die von dem Erben besorgten erbschaftlichen Geschäfte, die vor Annahme der Erbschaft erfolgten, die Vorschriften über die Geschäftsführung ohne Auftrag entsprechende Anwendung finden.

Bereits dem Grunde nach ist einem Anspruch aus § 1978 BGB analog also entgegenzuhalten, dass § 1978 BGB nur in Verbindung mit dem Auftragsrecht (§§ 662 ff. BGB) bzw. den Vorschriften der Geschäftsführung ohne Auftrag (§§ 677 ff. BGB) zu einem entsprechenden Anspruch gegen den Miterben führen kann, sodass die diesbezügliche Annahme eines isolierten Anspruchs aus § 1978 BGB insoweit unpräzise ist. Diese Erkenntnis ist insbesondere deshalb von Bedeutung, weil das Gesetz den Haftungsgrund nach dem ausdrücklichen Wortlaut des Gesetzes von der Annahme der Erbschaft abhängig macht, die darüber entscheidet, welches Haftungssystem anzuwenden ist. Eine Auseinandersetzung mit dieser Thematik lassen die Vertreter dieser Auffassung gänzlich vermissen. Der in der Literatur bereits erfolgten Hinweis, dass § 1978 BGB als solcher keine Anspruchsgrundlage enthalte,[340] ist insofern nicht – wie zum Teil angenommen – danebenliegend,[341] sondern zutreffend.

Aus § 1978 I 1 BGB in Verbindung mit dem Auftragsrecht ergibt sich primär ein Anspruch gegen den Erben auf Herausgabe des Nachlasses aus § 1978 I 1 BGB i. V. m. § 667 1. Alt. BGB und Herausgabe des aus Verwaltung des Nachlasses Erlangten aus § 1978 I 1 BGB i. V. m. § 667 2. Alt. BGB.[342] Im Falle dessen, dass der Erbe diesen Pflichten nicht nachkommt, haftet er darüber hinaus auf Schadensersatz nach den §§ 280 ff. BGB, was ein Verschulden des Erben im Sinne einer Fahrlässigkeit oder eines Vorsatzes gem. § 276 BGB voraussetzt.[343] Ein Wertersatzanspruch, wie der Begründer ihn in § 1978 BGB analog sehen möchte,[344] ist der Vorschrift gerade nicht zu entnehmen, sodass auch diesbezüglich die Anwendung von § 1978 BGB analog Probleme bereitet.

---

340 *Heckelmann*, FG. v. Lübtow, 619, 626.

341 Staudinger/*Habermeier*, § 727 Rn. 20.

342 BeckOGK BGB/*Herzog*, Stand: 01.10.2023, § 1978 Rn. 29 f.

343 BeckOGK BGB/*Herzog*, Stand: 01.10.2023, § 1978 Rn. 45 f.; MüKo BGB/*Küpper*, § 1978 Rn. 11.

344 *Ulmer*, FS Schilling, S. 88.

Unabhängig hiervon setzt die Anwendung des § 1978 I BGB jedoch voraus, dass die Nachlassverwaltung angeordnet oder das Nachlassinsolvenzverfahren eröffnet ist. Zutreffend wurde bereits darauf hingewiesen, dass bereits dies einem Anspruch aus § 1978 i. V. m. den §§ 662 ff. BGB bzw. §§ 677 ff. BGB regelmäßig entgegensteht.[345] Ob die Vorschrift in diesem Sinne einer Analogie zugänglich ist, ist fraglich. Die gesetzgeberische Intention hinter § 1978 BGB ist, dass der Nachlass – so lange der Erbe die beschränkte Haftung geltend machen kann – für den Erben ein fremdes Gut darstellt, weshalb dafür Sorge zu tragen ist, dass der Nachlass den Nachlassgläubigern ungeschmälert erhalten bleibt.[346] Dieser Grundgedanke rechtfertigt es, dem Erben ein gewisses sorgsames Verhalten mit den Nachlassgegenständen zur Pflicht zu machen.[347] Der Erbe kann zwar als Berechtigter über die Nachlassgegenstände wirksam verfügen, jedoch wird er über § 1978 I 1 BGB für Verwaltungsmaßnahmen, die er nach Annahme der Erbschaft getätigt hat, so behandelt, als hätte er sie als Beauftragter für die Nachlassgläubiger vorgenommen, um so den Nachlass für die Nachlassgläubiger möglichst ungeschmälert zu erhalten.[348] Die Vorschrift basiert folglich auf der gesetzgeberischen Intention, dass im Falle einer Absonderung des Nachlasses vom Eigenvermögen des Erben durch die Anordnung einer Nachlassverwaltung oder die Eröffnung eines Nachlassinsolvenzverfahrens, zumindest über etwaige Ersatzansprüche der Nachlass erhalten werden soll. Wenn solch eine Absonderung aber gar nicht vorliegt, weil der Gesellschaftsanteil nach heutiger allgemeiner Meinung gleichwohl zum Nachlass gehört[349] und insofern der Wert des Gesellschaftsanteils auch im Hinblick auf die Nachlassgläubiger dem Nachlass hinzuzurechnen ist,[350] fehlt es insofern an einer Rechtfertigung, die der Interessenlage des § 1978 BGB entspricht.

Ungeachtet dessen bezweifeln selbst die Vertreter dieser Ansicht nicht, dass der mit dem Erbfall eintretende Erwerb des Gesellschaftsanteils keine Verwaltungsmaßnahme im Sinne der genannten Norm darstellt, da es insoweit an einem aktiven Tätigwerden des bedachten Erben fehlt. Solch eine Verwaltungsmaßnahme setzt der Wortlaut von § 1978 I BGB jedoch voraus. Folge dessen ist, dass wiederum allenfalls eine analoge Anwendung der Norm in Betracht kommt. Jedenfalls ist das Vorliegen einer vergleichbaren Interessenlage

345 So *Michalski,* S. 195.
346 Protokolle S. 626, zit. nach *Mugdan* V, S. 336.
347 Ebd.
348 BGH, Urteil vom 10.10.2013 – IX ZR 30/12, NJW 2014, 391, 392 Rn. 11.
349 Vgl. 3. Kapitel II. 3. c.
350 MüKo BGB/*Gergen,* § 2032 Rn. 81.

keinesfalls unproblematisch zu bejahen. Der gesetzgeberischen Intention ist zu entnehmen, dass § 1978 I BGB dem Erben eine Verantwortlichkeit für von ihm vorgenommene Verwaltungsmaßnahmen auferlegen will. Das Handeln des Erben unter Berücksichtigung, dass diesem noch die Möglichkeit zusteht, die Haftung auf den Nachlass zu beschränken, rechtfertigt es, diesen für sein Handeln verantwortlich zu machen. Wieso diese Verantwortlichkeit, die eine aktive Verhaltensweise des Erben erfordert, nämlich die Vornahme einer Verwaltungsmaßnahme, ohne weiteres auch im Falle des völlig passiven Verhaltens des Erben geltend soll, erschließt sich nicht. Der Hinweis, dass es in beiden Fällen um eine auszugleichende Wertverschiebung ginge, ist für eine rechtsdogmatische Begründung jedenfalls nicht ausreichend. Wenngleich sowohl die Literatur als auch Rechtsprechung nach aktuellem Stand der Dinge einhellig davon ausgehen, dass ein Wertausgleich des Miterben stattzufinden hat, so kann diese gewünschte Rechtsfolge nicht damit begründet werden, dass § 1978 I BGB einen entsprechenden Wertausgleich vorsieht. Der gewünschte Wertausgleich als solcher kann nicht zum Selbstzweck seiner Begründung angeführt werden.

Das gilt umso mehr vor dem Hintergrund, dass nach den obigen Ausführungen der Anspruch aus § 1978 I 1 i. V. m. §§ 662 ff. BGB primär auf Herausgabe und sekundär auf die Leistung eines verschuldensabhängigen Schadensersatzes gerichtet ist. Eine Ausdehnung im Wege der Analogie, der nunmehr über § 1978 BGB einen gänzlich verschuldensunabhängigen Wertersatzanspruch gegen den eintretenden Miterben beinhalten soll und dabei nicht einmal eine vom Gesetz vorgesehene aktive Verhaltensweise des Erben erfordert, würde jedwede gesetzgeberische Intention ignorieren und die Grenze einer zulässigen Gesetzesanalogie überschreiten.[351]

g. § 2301 BGB

Nach § 2301 I 1 BGB finden auf ein Schenkungsversprechen, welches unter der Bedingung erteilt wird, dass der Beschenkte den Schenker überlebt, die Vorschriften über Verfügungen von Todes wegen Anwendung. Soweit die Schenkung zu Lebzeiten des Schenkers vollzogen wird, finden gem. § 2301 II BGB die Vorschriften über Schenkungen unter Lebenden Anwendung. Ausweislich des Wortlauts der Vorschrift soll mit § 2301 BGB folglich eine Abgrenzung zwischen Schenkung unter Lebenden und einer Zuwendung durch Verfügung von Todes wegen sichergestellt werden. Der Regelungszweck von § 2301 BGB

351 I. E. ebenso *Homann*, S. 57, *Michalski*, S. 195 und *Menold*, S. 156, die sich auf den allgemeinen Hinweis beschränken und dies nicht weiter begründen.

erschöpft sich also darin, festzulegen, unter welchen Voraussetzungen ein Schenkungsversprechen von Todes wegen entweder den Vorschriften (insbesondere der Formvorschriften) der Verfügungen von Todes wegen oder aber denjenigen Vorschriften über Schenkungen unter Lebenden unterliegt. Es handelt sich bei § 2301 BGB also um eine Abgrenzungs- und Zuweisungsnorm,[352] die den sich angrenzenden Bereich zwischen lebzeitigen Rechtsgeschäften und Verfügungen von Todes wegen erfasst und dabei vorgibt, anhand welcher Kriterien die Abgrenzung zu erfolgen hat.[353] Zutreffend wird deshalb darauf hingewiesen, dass der Norm keine Anspruchsgrundlage für eine etwaige Ausgleichspflicht entnommen werden kann.[354] Vereinzelt wird dieses Ergebnis mit dem Hinweis auf einen ggf. bestehenden bereicherungsrechtlichen Anspruch, der aus der Anwendung von § 2301 BGB folgen kann, in Zweifel gezogen.[355] Das trifft im Kern aber nicht die gegen § 2301 BGB hervorgebrachte Argumentation. Die o. g. Vertreter dieser Ansicht schreiben ausdrücklich, dass *„es [...] der Wertung des § 2301 [entspricht], daß der begünstigte Miterbe die anderen Miterben abzufinden hat.“*[356] Es wird also aus der Vorschrift des § 2301 BGB, nämlich aus dessen Wertung, der Versuch unternommen, einen hieraus folgenden Anspruch zu begründen. Diesen Anspruchscharakter hat § 2301 BGB nach dem eben Gesagten jedoch nicht.

Selbst wenn man aber einmal die Anwendbarkeit des § 2301 BGB für den hiesigen Fall unterstellt, ergibt sich eine andere Problematik: § 2301 BGB setzt seinem Wortlaut nach voraus, dass ein Rechtsgeschäft zwischen dem Schenker und dem Beschenkten vorliegt. Übertragen auf den hiesigen Fall hätte dies zur Folge, dass ein Rechtsgeschäft zwischen dem Erblasser und dem bedachten Miterben vorliegen muss.[357] Der Anknüpfungspunkt für den Vertreter dieser Auffassung ist aber, dass das notwendige Rechtsgeschäft unter Lebenden, welches § 2301 BGB voraussetzt, der Gesellschaftsvertrag sei.[358] Hierbei handelt es sich allerdings um kein Rechtsgeschäft zwischen dem Erblasser und dem bedachten

---

352 BeckOGK BGB/*Gomille*, Stand: 01.08.2022, § 2301 Rn. 5; jurisPK BGB/*Reischl*, § 2301 Rn. 6; *Röthel*, ErbR, § 25 Rn. 3.

353 jurisPK BGB/*Reischl*, a. a. O.

354 *Heckelmann*, FG v. Lübtow, 619, 626; *Homann*, S. 49; *Michalski*, S. 195; *Tiedau*, MDR 1957, 641, 642; *Zunft*, NJW 1957, 1129, 1133.

355 *Menold*, S. 159.

356 *Reinicke*, NJW 1957, 561, 563 f.

357 So bereits *Zunft*, NJW 1957, 1129, 1133.

358 *Reinicke*, a. a. O.

Miterben.[359] Zudem erfolgt der eigentliche relevante Erwerb des Gesellschaftsanteils auf erbrechtlichem Wege und überhaupt nicht aufgrund eines Rechtsgeschäfts unter Lebenden. Der Gesellschaftsvertrag stellt den Gesellschaftsanteil vielmehr nur vererblich.

Dieser Umstand ließe sich folglich nur überwinden, wenn man den hiesigen Erwerb von Todes wegen auch unter den Anwendungsbereich des § 2301 BGB subsumieren kann. Mit dem Normzweck des § 2301 BGB, der sich in der Abgrenzung und Zuweisung eines Rechtsgeschäfts unter Lebenden nach den genannten Abgrenzungskriterien erschöpft, wäre das kaum zu vereinbaren. Dies vor allem vor dem Hintergrund, dass das Gesetz selbst zwischen den beiden Formen des Rechtserwerbs unterscheidet.[360]

h. § 1417 III BGB analog bzw. § 1478 III BGB

Eine Ausgleichspflicht aus § 1417 III BGB bzw. § 1478 III BGB wurde entgegen der bislang dargelegten Diskussion von dem Vertreter der Sondergutstheorie nicht behauptet.[361] Vielmehr hat sich der Vertreter dieser Auffassung dafür ausgesprochen, dass anlässlich der Auseinandersetzung der Erbengemeinschaft der Wert des Gesellschaftsanteils dem Nachlass zugerechnet und die Gesamtsumme nach Abzug der Verbindlichkeiten auf alle Erben entsprechend ihrer Erbquoten zu verteilen ist.[362] Soweit der Gesellschaftsanteil, der dem einzelnen Miterben zugewiesen ist, wertmäßig über dem liegt, was er quotal für sich beanspruchen könne, sei er den übrigen Erben zum Ausgleich verpflichtet.[363] Im Kern wird man also festhalten müssen, dass der Vertreter dieser Ansicht mittels der familienrechtlichen Vorschriften einen Versuch unternommen hat, die Sonderzuweisung des Gesellschaftsanteils an den durch die beschränkte Nachfolgeklausel begünstigten Miterben zu erklären, d. h. er einen abweichenden Begründungsversuch zur heute anerkannten Theorie der Sondererbfolge unternommen hat.[364] Soweit es aber um einen möglichen Ausgleich unter den Miterben geht, spricht auch dieser sich für eine Berücksichtigung

---

359 Im Ergebnis auch *Homann*, S. 44, der sich auf den Hinweis beschränkt, dass keine Schenkung auf den Todesfall vorliegt; ebenfalls ein Rechtsgeschäft zwischen Erblasser und Nachfolger ablehnend *Rüthers*, 1968, 264, 280 Fn. 46.

360 Das hat *Menold*, S. 159 bereits zutreffend festgestellt.

361 Vgl. hierzu bereits 3. Kapitel III. 8.

362 *Wiedemann*, S. 210.

363 Ebd.

364 Vgl. hierzu auch ausführlich *Rüthers*, AcP 168, 263, 269 ff.

des Gesellschaftsanteils innerhalb der Auseinandersetzung der Erbengemeinschaft aus.

Offene Rechtsfortbildung

Der Begründer dieser Ansicht weist selbst zutreffend darauf hin, dass eine richterliche Normsetzung in Gestalt der Rechtsfortbildung aus methodischer Sicht ein Regelungsbedürfnis voraussetzt.[365] Solch ein Regelungsbedürfnis kann jedoch nicht angenommen werden, wenn sich die Frage nach einer Ausgleichspflicht mit dem vom Gesetzgeber geschaffenen Rahmen der Erbauseinandersetzung bejahen lässt,[366] was im weiteren Verlauf dieser Arbeit zu untersuchen sein wird.

Auseinandersetzungslösung

Naheliegender ist es zunächst, die Ausgleichspflicht mit den Vorschriften über die Auseinandersetzung der Erbengemeinschaft zu begründen. Zuzustimmen ist nämlich, dass der Gesellschaftsanteil trotz seiner Vererbung im Wege der Sondererbfolge Nachlassbestandteil wird und dieser insofern bei der Auseinandersetzung wertmäßig zu berücksichtigen ist.[367]

aa. § 2048 S. 1 BGB (analog)

(1) Anspruchscharakter des § 2048 S. 1 BGB

Dem Grunde nach würde eine Ausgleichspflicht aus § 2048 S. 1 BGB nur in Betracht kommen, soweit dieser Norm ein Anspruchscharakter zugesprochen werden kann. Dafür müsste es sich bei § 2048 S. 1 BGB zunächst um eine Anspruchsgrundlage handeln, mithin um einen Rechtssatz, der dem Anspruchsberechtigten einen Anspruch gewährt. Ein Anspruch ist gemäß der Legaldefinition des Gesetzes (vgl. § 194 I 1 BGB) das Recht, von einem anderen ein Tun oder Unterlassen zu verlangen. Eine Anspruchsgrundlage zeichnet sich folglich dadurch aus, dass auf Rechtsfolgenseite ein Tun oder Unterlassen gefordert werden kann. Als Beispiel sei hier § 823 I BGB genannt, der bei

---

365 *Wiedemann*, NJW 2014, 2407, 2412.

366 Im Ergebnis auch *Menold*, S. 154, der sich jedoch auf den Hinweis beschränkt, dass der Schluss *Wiedemanns*, die Rechtsfortbildung der Sonderrechtsnachfolge erfordere zwingend auch eine Rechtsfortbildung der Ausgleichspflicht, widerlegt sei. Vgl. auch die hiesigen Ausführungen zu § 242 BGB.

367 Dazu bereits 3. Kapitel II. 3. c.

einer rechtswidrigen Rechtsgutsverletzung den Ersatz des hieraus entstehenden Schadens anordnet. Ein Tun oder Unterlassen ordnet § 2048 S. 1 BGB aber in der Rechtsfolge gerade nicht an. Vielmehr ist § 2048 S. 1 BGB zu entnehmen, dass der Erblasser zum Erlassen von Auseinandersetzungsanordnungen ermächtigt ist, die dann – wie dargelegt – vorrangig vor den gesetzlichen Auseinandersetzungsregeln zu beachten sind. Dem Erblasser wird also mit § 2048 S. 1 BGB ermöglicht, einseitig eine von den gesetzlichen Auseinandersetzungsregeln abweichende Verteilung seines Nachlasses anzuordnen. Die Wirkung der Teilungsanordnung ist folglich darin zu sehen, dass sich der Auseinandersetzungsanspruch des Miterben – durch die einseitige Erklärung des Erblassers – inhaltlich verändert. Ebendarum ist die Teilungsanordnung als Gestaltungsrecht zu werten. Denn ein Gestaltungsrecht zeichnet sich gerade dadurch aus, dass der Inhaber des Gestaltungsrechts unter anderem die Möglichkeit hat, ohne die Mitwirkung eines anderen ein bestehendes Rechtsverhältnis zu verändern.[368] Zu Recht wird insoweit darauf hingewiesen, dass die Teilungsanordnung mit dem Bestimmungsrecht nach § 315 BGB vergleichbar sei,[369] bei dem es sich ebenfalls um ein Gestaltungsrecht handelt.[370] Ein Anspruch eines Miterben aus § 2048 S. 1 BGB lässt sich also nicht herleiten.[371]

(2) Normzweck des § 2048 S. 1 BGB

Ungeachtet der Anspruchsqualität des § 2048 S. 1 BGB ist jedoch auch im Hinblick auf den von dem Gesetzgeber eingeräumten Gestaltungsspielraum, die Annahme einer Ausgleichspflicht über § 2048 S. 1 BGB jedenfalls in sachlicher Hinsicht fraglich. § 2048 S. 1 BGB ermöglicht dem Erblasser, wie im Grundlagenteil dieser Arbeit dargelegt, eine gegenständliche Verteilung *seines* Nachlasses. § 2048 S. 1 BGB ist die einfachgesetzliche Ausprägung der Testierfreiheit des Erblassers. Diese gewährleistet dem Erblasser das Recht darüber zu bestimmen, wer bei seinem Tod seinen Nachlass erhalten soll. Wieso dem Erblasser vor dem Hintergrund dieses Normzwecks aber das Recht eingeräumt werden

---

368 *Brox*, BGB AT, § 28 Rn. 22.

369 Soergel/*Lettmaier*, § 2048 Rn. 1.

370 MüKo BGB/*Würdinger*, § 315 Rn. 44.

371 Ähnlich im Hinblick auf den aus einer Teilungsanordnung resultierenden Anspruch Soergel/*Lettmaier*, 14. Aufl., § 2048 Rn. 1, die ausführt, dass eine Teilungsanordnung nicht den Auseinandersetzungsanspruch eines Miterben begründet, sondern nur dessen Inhalt bestimmt; i. E. ebenso Wilde/Ouart/*Thomas Wrede*, § 2048 Rn. 7, der ausführt, dass die Teilungsanordnung keinen Leistungsanspruch gewährt.

soll, verpflichtend in das Privatvermögen der jeweiligen Miterben einzugreifen, indem ihm die Möglichkeit eröffnet wird, entsprechende Ausgleichspflichten der Miterben zu normieren, erschließt sich nicht. Denn die Testierfreiheit des Erblassers kann sich begrifflich nur darauf erstrecken, dass dem Erblasser das Recht zustehen muss, sein vorhandenes Vermögen nach seinen Vorstellungen zu verteilen, ohne dabei in die Vermögenssphären seiner Miterben verpflichtend einzugreifen.

(3) Fehlende dingliche Wirkung

Überdies wird die fehlende dingliche Wirkung der Teilungsanordnung zum Teil als Argument dafür vorgebracht, dass § 2048 S. 1 BGB als Anspruchsgrundlage nichts nütze.[372] Die Entscheidung für die Nachfolgeklausel und die einhergehende automatischen Nachfolge beruhe auf dem Umstand, dass die Gesellschafter eine abweichende – wenn auch unter den Miterben einvernehmliche – Verteilung des Nachlasses nicht zulassen wollen.[373] Solch eine abweichende Verteilung sei den Miterben im Rahmen einer Teilungsanordnung aber grundsätzlich möglich.[374]

Im Kern überzeugt diese Argumentation nicht. Die qualifizierte Nachfolgeklausel führt dazu, dass der Gesellschaftsanteil vererblich gestellt wird. Mit der Implementierung einer qualifizierten Nachfolgeklausel im Gesellschaftsvertrag treffen die Gesellschafter die Entscheidung, mit wem sie die Gesellschaft im Falle des Ablebens eines Gesellschafters fortführen möchten. Allein der dort normierte Wille der Gesellschafter entscheidet über die potenzielle Nachfolgeberechtigung und nicht der Wille des Erblassers.[375] Sollte der Erblasser in seiner letztwilligen Verfügung eine Teilungsanordnung treffen, die außerhalb der Nachfolgeberechtigung liegt, die die qualifizierte Nachfolgeklausel im Gesellschaftsvertrag festlegt, so hat dies schlicht zur Folge, dass die diesbezügliche Vereinbarung ohne rechtliche Wirkung im Hinblick auf die Nachfolge in den Gesellschaftsanteil bleibt.[376] Folglich ist durch eine etwaige abweichende Teilungsanordnung des Erblassers das von der Nachfolgeklausel verfolgte Ziel nicht gefährdet. Nichts anderes gilt, soweit die Miterben sich abweichend

372 *Homann*, S. 44 u. 48.
373 *Homann*, S. 44.
374 Ebd.
375 Dazu bereits 3. Kapitel II. 3. a. und b.
376 So auch Habersack/Schäfer/*Schäfer*, § 139 Rn. 47, der ausführt, dass eine Teilungsanordnung, die nicht durch eine entsprechende Ermächtigung im Gesellschaftsvertrag gedeckt ist, wirkungslos ist.

von der letztwilligen Verfügung auseinandersetzen möchten. Denn ohne die Zustimmung der Gesellschafter wäre diesen eine abweichende Nachfolge nicht möglich.

Soweit also die fehlende dingliche Wirkung der Teilungsanordnung als Argument für eine Analogie der Vorschrift angeführt wird, wird hierbei verkannt, dass der Ausgleichsanspruch – dessen Anspruchsgrundlage gerade streitig ist – eine obligatorische Verpflichtung darstellt. Die Ausgleichspflicht ist gerade eine schuldrechtliche Verpflichtung, deren Anspruchsbegründung in der Literatur umstritten ist. Bei der Befürwortung der Analogie trennt der Vertreter dieser Ansicht insoweit nicht den Erwerb des Gesellschaftsanteils im Rahmen der Sondererbfolge und die Frage, aus welcher Anspruchsgrundlage sich ein etwaiger Ausgleich zugunsten der nicht eintretenden Miterben ergeben kann. Unzutreffend ist auch die Annahme, dass die vergleichbare Interessenlage deshalb anzunehmen sei, weil bei einer überquotalen Teilungsanordnung unstrittig ein Ausgleichsanspruch bestünde, was bereits die Existenz dieser Arbeit zeigt.

Entscheidend ist, dass § 2048 S. 1 BGB – wie ausgeführt – nicht die Möglichkeit des Erblassers umfasst, über den Nachlass hinausgehende Verpflichtungen seiner Erben zu begründen. § 2048 S. 1 BGB, der Ausdruck der Testierfreiheit des Erblassers ist, hat nicht zum Zwecke, dass der Erblasser schuldrechtliche Pflichten seiner Erben begründen kann, die außerhalb des Nachlassvermögens liegen. Dies käme einem Vertrag zulasten Dritter gleich.[377]

Aus den genannten Gründen kann ein Anspruch auf Ausgleichszahlung folglich nicht aus § 2048 S. 1 BGB – weder in direkter noch in analoger Anwendung – hergeleitet werden.

bb. Ausgleichspflicht ohne positivrechtliche Grundlage

Soweit eine Ausgleichspflicht ohne positivrechtliche Grundlagen angenommen wird, erscheint die Begründung einer solchen problematisch. Weder der Vergleich zur Teilungsanordnung noch jener zur Vorwegnahme einer Teilauseinandersetzung unter den Miterben sind für eine solche Begründung im Rahmen der Auseinandersetzung hilfreich. Zutreffend wurde bereits darauf hingewiesen, dass der Vergleich mit der Teilungsanordnung ohnehin nicht für die Darlegung eines etwaigen Ausgleichsanspruchs herangezogen werden kann,

---

377 Im Ergebnis ebenso BeckOGK BGB/*Rißmann/Szalai*, Stand: 01.09.2023, § 2048 Rn. 39.1, die ungenau von einer Verfügung zu Lasten Dritter sprechen. Vgl. dazu auch die Ausführungen im Folgenden unter 4. Kapitel IV. 2. f. aa.

sondern allenfalls als ein Mittel zur plastischen Darstellung eines Ausgleichsanspruchs anzusehen ist.[378] Nichts anderes würde insoweit für den Vergleich mit einer vorweggenommen Teilauseinandersetzung der Miterben untereinander gelten. Empfehlenswert ist es jedoch, auf solch einen Vergleich gänzlich zu verzichten, da dieser – mangels Vergleichbarkeit der zugrunde liegenden Sachverhalte – nicht zielführend ist. Im Einzelnen:

(1) Vergleich zur (überquotalen) Teilungsanordnung

Vielfach – und auch von denjenigen Autoren, die keine positivrechtliche Anspruchsgrundlage für den Ausgleichsanspruch im Gesetz anerkennen – wird im Rahmen der Auseinandersetzungslösung vertreten, dass sich die qualifizierte Nachfolgeklausel als eine – teilweise dinglich wirkende – mit dem Erbfall automatisch vollziehende Teilungsanordnung darstelle.[379]

Bereits im Ansatz erscheint es problematisch, eine qualifizierte Nachfolgeklausel in ihrer Wirkung mit einer Teilungsanordnung zu vergleichen. Denn – wie eingangs in diesem Kapitel dargelegt – handelt es sich bei der qualifizierten Nachfolgeklausel um eine Regelung, die die Gesellschafter im Hinblick auf das Ableben eines Gesellschafters im Gesellschaftsvertrag normieren. Die qualifizierte Nachfolgeklausel bewirkt, dass der Gesellschaftsanteil als solcher vererblich gestellt wird und es somit abweichend von dem gesetzlichen Ausgangsfall nicht zum Ausscheiden des Gesellschafters kommt. Der Regelungszweck der qualifizierten Nachfolgeklausel erschöpft sich also darin, die Vererblichkeit des Gesellschaftsanteils für die in der qualifizierten Nachfolgeklausel benannten Personen herzustellen. Die Teilungsanordnung hingegen ist ein erbrechtliches Gestaltungsmittel, das dem Erblasser die aktive Einflussnahme auf die Verteilung seines Nachlasses ermöglicht. Vor diesem Hintergrund erscheint es verfehlt, ein dem Erblasser zur Verfügung stehendes erbrechtliches Gestaltungsmittel in seiner Wirkung mit einer gesellschaftsrechtlichen Regelung zu vergleichen. Ob der Erwerb von Todes wegen tatsächlich stattfindet, ist nach erbrechtlichen Grundsätzen zu beantworten. Mithin ist es nicht die Implementierung der qualifizierten Nachfolgeklausel, die zu dem Erwerb des Gesellschaftsanteils führt. Maßgeblich sind hierfür primär die gewillkürten Regelungen des Erblassers (vgl. § 1937 BGB) bzw. die Regelungen zur gesetzlichen Erbfolge gem. §§ 1924 ff. BGB, soweit der Erblasser von seiner Testierfreiheit keinen Gebrauch gemacht hat.

---

378 *Menold*, S. 148.

379 Vgl. hierzu bereits 3. Kapitel III. 10. b.

Auch im Hinblick auf die materielle Höchstpersönlichkeit der Errichtung einer letztwilligen Verfügung erscheint der Vergleich der Nachfolgeklausel mit einer Teilungsanordnung problematisch. Soweit der qualifizierten Nachfolgeklausel als solcher (und eben nicht der erbrechtlichen Gestaltung des Erblassers) die Wirkung einer Teilungsanordnung zugesprochen wird, hätte es nicht der Erblasser allein, sondern die Gesellschafterversammlung der Gesellschaft in der Hand, über die Nachlassverteilung des betroffenen Mitgesellschafters zu entscheiden. Ebenfalls dieser Umstand zeigt, dass der Vergleich zur Teilungsanordnung weder nützlich noch erforderlich ist.

Soweit man die grundlegende Verschiedenheit einer Teilungsanordnung und einer qualifizierten Nachfolgeklausel außer Betracht lässt, setzt ein zielführender Vergleich jedoch im Mindesten voraus, dass die Teilungsanordnung in ihrem Anwendungsbereich dem hiesigen Problem des Ausgleichs der überquotalen Beteiligung am Nachlass zur Lösung verhelfen kann. Das wäre der Fall, wenn es dem Erblasser möglich wäre, eine Teilungsanordnung zu erlassen, die wertmäßig über demjenigen liegt, was dem von der Teilungsanordnung betreffenden Miterben per Erbquote zustünde, sodass letzterer zu einem Ausgleich des Mehrbetrages verpflichtet wäre. Im Rahmen der Diskussion über die Ausgleichspflicht bei der Rechtsnachfolge in den Gesellschaftsanteil einer Personengesellschaft wird diese Möglichkeit per überquotaler Teilungsanordnung von einigen Vertretern ohne nähere Begründung bejaht,[380] wobei zum Teil die Ausgleichspflicht bei der überquotalen Teilungsanordnung als unstrittig in Rechtsprechung und Literatur bezeichnet wird.[381] Ob solch eine Ausgleichspflicht von dem Erblasser mittels überquotaler Teilungsanordnung angeordnet werden kann, ist jedoch in der Rechtsprechung und Literatur strittig,[382] was im weiteren Verlauf dieser Untersuchung noch zu diskutieren sein wird.

Letztlich erscheint es ebenso wenig überzeugend, von einer „dinglich wirkenden Teilungsanordnung" zu sprechen. Denn eine Teilungsanordnung kann nach einhelliger Auffassung nur schuldrechtliche Wirkung zwischen den Miterben entfalten, sodass eine dingliche Teilungsanordnung nicht existiert.[383] Dies gilt umso mehr, als dass die Verknüpfung mit den Regelungen der Teilungsanordnung der Ausgleichsproblematik – wie gezeigt – nicht weiterhilft.

---

380 Vgl. nur *Bratke*, S. 153; *Keller*, ZEV 2001, 297, 298 f.; *Menold*, S. 148.

381 *Menold*, S. 148, der jedoch weniger später darauf hinweist, dass nur im Rahmen der Nachfolge in einen Gesellschaftsanteil einer Personengesellschaft eine Ausgleichspflicht zwingender Natur ist, vgl. *Menold*, S. 149.

382 Vgl. hierzu 4. Kapitel.

383 So auch bereits zutreffend *Menold*. S. 148.

(2) *Vergleich zur rechtsgeschäftlichen Teilauseinandersetzung*

Ferner greifen einige Autoren zur Darstellung der Ausgleichsproblematik auf einen Vergleich zu einer rechtsgeschäftlichen Teilauseinandersetzung zurück.[384] Auch dieser Vergleich erscheint unpassend, soweit man die beiden Sachverhalte präzise miteinander vergleicht:

Unterstellt man, dass einem Miterben der Gesellschaftsanteil im Wege einer vorweggenommenen Teilauseinandersetzung übertragen worden ist, gilt es zu berücksichtigen, dass eine rechtsgeschäftliche Teilauseinandersetzung unter den Miterben nicht ohne den Willen des übernehmenden Miterben möglich wäre. Denn der in § 2042 I BGB normierte Auseinandersetzungsanspruch eines jeden Miterben bezieht sich auf die Auseinandersetzung des gesamten Nachlasses, sodass eine gegenständliche Teilauseinandersetzung gegen den Willen auch nur eines Miterben grundsätzlich nicht möglich ist.[385] Auch eine Teilauseinandersetzung setzt jedenfalls einen Teilauseinandersetzungsvertrag voraus,[386] der sodann Rechtsgrundlage für die Auseinandersetzung ist.[387] Wenn aber eine Teilauseinandersetzung prinzipiell nur im Rahmen einer willentlichen Übereinkunft der Miterben möglich ist und der hieraus resultierende Teilauseinandersetzungsvertrag Rechtsgrundlage für die Übertragung bzw. Ausgleichspflicht ist, erscheint ein diesbezüglicher Vergleich unpassend. Denn Rechtsgrundlage für die Ausgleichspflicht im Rahmen einer Teilauseinandersetzung wäre dann der durch die Miterben einvernehmlich abgeschlossene Teilauseinandersetzungsvertrag. Bei der hiesigen Frage der Ausgleichspflicht im Rahmen der Sondererbfolge in den Gesellschaftsanteil stellt sich die Lage jedoch anders dar: Der bedachte Miterbe erhält – soweit er gesetzlicher oder gewillkürter Erbe des Erblassers wird und durch die qualifizierte Nachfolgeklausel als Gesellschafter zugelassen ist – im Wege der Sondererbfolge ohne ein Mitwirken der Miterben den Gesellschaftsanteil. Es fehlt mithin an einem vergleichbaren gemeinsamen Willen der Miterben, der eine gegenständliche Teilauseinandersetzung bzgl. des Gesellschaftsanteils beinhaltet. Der Vergleich zur Teilauseinandersetzung ist demnach zur Begründung der Ausgleichspflicht des

384 BeckOGK BGB/*von Proff zu Irnich,* Stand: 15.12.2023, § 727 Rn. 77; Ebenroth/Boujong/Joost/Strohn/*Lorz*, § 139 Rn. 23; *Gebel,* BB 1995, 173, 174 f.; *K. Schmidt,* § 45 V 5 lit. b), MüKo HGB/*Karsten Schmidt/Fleischer,* § 139 Rn. 22; Oetker/*Kamanabrou,* § 131 Rn. 22.

385 OLG Koblenz, Beschluss vom 09.01.2013 – 3 W 672/12, NJW-RR 2013, 584, 584.

386 *Eberl-Borges,* S. 58.

387 *Eberl-Borges,* S. 63.

Miterben ungeeignet, weshalb auch auf diesen im Rahmen der Diskussion über eine etwaige Ausgleichspflicht des Miterben verzichtet werden sollte.

cc. § 2047 I BGB bzw. §§ 2047 I BGB analog, 2042 II, 753 I 2 BGB bzw. §§ 2047, 2042 BGB

Ein Anspruch auf Ausgleichszahlung der weichenden Miterben aus § 2047 I BGB setzt dem Grunde nach voraus, dass es sich bei § 2047 I BGB um eine eigenständige Anspruchsgrundlage handelt. Weit überwiegend wird in § 2047 I BGB ein schuldrechtlicher Anspruch des jeweiligen Miterben auf Übertragung des ihm zustehenden Überschusses gesehen.[388] Vereinzelt wurde der Norm jedoch kein Anspruchscharakter zugesprochen.[389] Der letztgenannte Vertreter hält an seiner damaligen Auffassung jedoch nicht mehr fest, schränkt die Relevanz des Anspruchs aus § 2047 I BGB aber dahingehend ein, dass es sich bei § 2047 I BGB jedenfalls um keinen klagbaren bzw. vollstreckbaren Anspruch handele.[390] Der Anspruch aus § 2047 I BGB sei inhaltlich unbestimmt.[391]

(1) Wortlaut

Soweit man den Wortlaut von § 2047 I BGB betrachtet, ließe dieser die Annahme als Anspruchsgrundlage grundsätzlich zu. Denn insoweit ließe sich vertreten, dass mit dem Wort „gebühren" ein echter Anspruch des Miterben begründet werden soll. Ob § 2047 I BGB tatsächlich in diesem Sinne als Anspruchsgrundlage verstanden werden kann, ist allerdings – was im Rahmen einer systematischen und historischen Auslegung der Norm zu klären sein wird – fraglich.

Die hiesig zu entscheidende Frage, ob § 2047 I BGB die einschlägige Anspruchsgrundlage für eine Ausgleichspflicht im Rahmen einer qualifizierten Nachfolge darstellen kann, lässt sich dabei jedoch schwerlich mit dem Wortlaut der Norm vereinbaren. So normiert § 2047 I BGB seinem Wortlaut nach nur, dass der nach der Berichtigung der Nachlassverbindlichkeiten verbleibende Überschuss den Erben nach dem Verhältnis der Erbteile gebührt. Diese Verteilung ist nur dann möglich, wenn die Teilungsmasse festgestellt ist.

388 BeckOK BGB/*Lohmann*, 68. Edition, Stand: 01.11.2023, § 2047 Rn. 1; Burandt/Rojahn/*Flechtner*, § 2047 Rn. 1; MüKo BGB/*Fest*, § 2047 Rn. 1; Schulze/*Thomas Hoeren*, § 2047 Rn. 1; Staudinger/*Löhnig*, § 2047 Rn. 1; jurisPK-BGB/*Schütte* § 2047 Rn. 1.

389 Damrau/Tanck/*Rißmann*, § 2047 Rn. 2.

390 BeckOGK BGB/*Rißmann/Szalai*, Stand: 01.09.2023, § 2047 Rn. 4 f.

391 BeckOGK BGB/*Rißmann/Szalai*, Stand: 01.09.2023, § 2047 Rn. 5.

und Klarheit darüber herrscht, zu welchen Teilen die Erben an dieser Teilungsmasse wertmäßig zu beteiligen sind.[392] Für das letztgenannte zu ermittelnde Verhältnis bildet § 2047 I BGB den Ausgangspunkt, indem dieser die Erbquote als Verteilungsmaßstab benennt.[393] Die weiterhin bestehende Frage, wie sich die Teilungsmasse zusammensetzt, lässt sich jedoch nicht mit § 2047 I BGB beantworten, da die Norm lediglich bestimmt, dass im Ausgangspunkt eine an der Erbquote orientierte Überschussverteilung stattzufinden hat. Ob in die Teilungsmasse hingegen auch der ipso iure übertragene Gesellschaftsanteil an der Personengesellschaft zu berücksichtigen und im Falle einer übermäßigen Beteiligung eine Ausgleichspflicht anzunehmen ist, wird von § 2047 I BGB nicht geregelt. Hierfür bedarf es vielmehr einer gesonderten rechtlichen Würdigung.

(2) Systematik

Weiterhin spricht die Gesamtsystematik der Regelungen der Erbauseinandersetzung gegen die Annahme, dass einem Miterben mit § 2047 I BGB ein eigenständiger, klagbarer Anspruch vermittelt werden soll. Im Grundlagenteil dieser Ausarbeitung wurde bereits dargelegt,[394] dass die schuldrechtliche Verpflichtung zur Übertragung der Nachlassgegenstände ihren Rechtsgrund in dem Auseinandersetzungsvertrag findet, der selbstredend bei der einvernehmlichen Auseinandersetzung der Miterben existiert, aber auch bei der Auseinandersetzung zwischen den Miterben vorliegt, wenn diese nach einem von dem Gesetz vorgesehenen Verfahren stattfindet. Denn sowohl im Rahmen des notariellen Vermittlungsverfahrens als auch im Rahmen einer Auseinandersetzungs- bzw. Erbteilungsklage, liegt – soweit die jeweiligen Voraussetzungen erfüllt sind – am Ende ein Auseinandersetzungsvertrag vor, der den Rechtsgrund für die Auseinandersetzung der Erbengemeinschaft bildet. Seinem Inhalt nach ist dieser Auseinandersetzungsvertrag grundsätzlich auf die gesamte Auseinandersetzung des Nachlasses gerichtet, sodass in diesem auch eine etwaige Überschussverteilung nach § 2047 I BGB berücksichtigt wird. Es ist also der Auseinandersetzungsvertrag, der entweder von vornherein einvernehmlich oder aber mittels eines Verfahrens geschlossen wurde, und nicht ein etwaiger Anspruch aus § 2047 I BGB, der eine schuldrechtliche Verpflichtung der Miterben zur Übertragung des Überschusses begründet. Nach hiesigem Verständnis

---

392 NK-BGB/*Eberl-Borges,* Vorbemerkungen zu §§ 2042–2057a Rn. 34.

393 Ebenso BeckOGK BGB/*Rißmann/Szalai*, Stand: 01.09.2023, § 2047 Rn. 4; NK-BGB/*Eberl-Borges,* a. a. O.

394 Vgl. insoweit 2. Kapitel III. 1.

ist demnach § 2047 I BGB als gesetzlicher Verteilungsschlüssel zu sehen, indem er festlegt, dass Ausgangspunkt für die Beteiligung an dem vorhandenen Überschuss die Erbquoten sind, welche in dieser Gestalt im Rahmen der Aufstellung des Auseinandersetzungsvertrags zu berücksichtigen sind. Insoweit wäre – im wohl einzig relevanten Fall der streitigen Auseinandersetzung – jeder Miterbe gehalten, bei der zwangsweisen Erstellung eines Auseinandersetzungsvertrags eine den gesetzlichen Auseinandersetzungsregeln folgende Verpflichtung zur Verteilung der Nachlassgegenstände zu berücksichtigen, die eben auch die Beachtung von § 2047 I BGB beinhaltet.

(3) Historie – Vergleich zu § 736d VI BGB n. F.

Eine historische Auslegung des Gesetzestextes ergibt ebenso, dass mit § 2047 I BGB kein eigenständiger klagbarer Anspruch des Miterben begründet werden sollte. Der Gesetzgeber hat mit § 2047 I BGB vielmehr eine zu dem heutigen § 736d VI BGB n. F. vergleichbare Regelung schaffen wollen (a), bei welcher anerkannt ist, dass der hierin enthaltene Anspruch nicht eigenständig, sondern im Rahmen der von den Gesellschaftern aufzustellenden Auseinandersetzungsbilanz geltend gemacht werden kann (b).

(a) Vergleichbarkeit der Regelungen

Aus den Protokollen der zweiten Kommission zu § 2047 I BGB (damals in § 2155 BGB a. F. geregelt) ist ersichtlich, dass dem Entwurfsvorschlag, der sich mit dem heutigen Gesetzeswortlaut deckt, nicht widersprochen wurde. Hierbei wurde ausdrücklich auf den entsprechenden Regelungsgehalt des § 736d VI BGB n. F. (damals in § 670 BGB a. F. geregelt) Bezug genommen. Ausdrücklich heißt es in den Protokollen:

> *„Der § n auf S. 844 […] bestimmt im Abs. 1 in Uebereinstimmung mit § g auf S. 846, […] daß der nach der Berichtigung der Nachlassverbindlichkeiten verbleibende Ueberschuß den Erben nach dem Verhältnisse der Größe ihrer Erbteile gebühre. Gegen diese den §§ 670, 1374 des Entw. II entsprechende Bestimmung wurde nichts erinnert.“*[395]

§ 736d VI BGB a. F. (damals in § 670 BGB a. F. geregelt) hatte damals folgenden Wortlaut:

> *„Bleibt nach der Berichtigung der gemeinschaftlichen Schulden und der Rückerstattung der Einlagen ein Ueberschuß, so gebührt dieser den Gesellschaftern nach dem Verhältnisse ihrer Antheile am Gewinne. […]“*[396]

395 Protokolle der 2. Kommission V, 886 f., zit. nach *Horn*, Materialienkommentar Erbrecht, S. 394 f. Rn. 6.

396 Zit. nach *Mugdan* II, S. CX.

Hieraus ergibt sich folglich, dass der Gesetzgeber mit § 2047 I BGB eine zu § 736d VI BGB n. F. entsprechende Regelung schaffen wollte.

(b) Keine eigenständige Geltendmachung von § 736d VI BGB

Im Rahmen der Auseinandersetzung der Gesellschaft ist anerkannt, dass sich der Anspruch der Gesellschafter auf eine Beteiligung am Überschuss nicht eigenständig aus § 736d VI BGB n. F. ergibt, sondern grundsätzlich erst aus der Auseinandersetzungsbilanz bzw. Schlussrechnung der Gesellschafter.[397] Bei den jeweiligen Ansprüchen der Gesellschafter handelt es sich insoweit um unselbständige Rechnungsposten, wobei sich ein etwaiger Zahlungsanspruch nur hinsichtlich des festzustellenden abschließenden Saldos ergibt.[398]

Vor diesem Hintergrund überzeugt es auch aus diesem Grund nicht, in § 2047 I BGB einen eigenständig klagbaren Anspruch des Miterben zu erkennen. Gleiches gilt insoweit für §§ 2042, 2047 BGB, da auch dies dem hiesig festgestellten Verhältnis zum Auseinandersetzungsvertrag widerspricht, was im Weiteren zu zeigen sein wird.

dd. Ausgleichspflicht aus Auseinandersetzungsvertrag

Nach alldem ist der Ausgleichsanspruch mit keiner direkten Anwendung der o. g. Normen zu begründen. Vielmehr ergibt sich der Anspruch auf Ausgleich aus dem Auseinandersetzungsvertrag, der – soweit die Miterben sich nicht einvernehmlich über eine vorzunehmende Auseinandersetzung nebst Ausgleichszahlung einigen – unter Zuhilfenahme der bereits genannten Verfahren durchgesetzt werden kann. Dass der Miterbe einen entsprechenden Auseinandersetzungsvertrag verlangen kann, ergibt sich aus § 2042 I BGB, der dem Miterben grundsätzlich jederzeit die Möglichkeit einräumt, die Auseinandersetzung gegenüber den übrigen Miterben durchzusetzen. Bei seinem Verlangen hat der Miterbe sich dabei, was im Grundlagenteil dieser Arbeit bereits herausgearbeitet wurde, an etwaige Erblasseranordnungen und gesetzliche Auseinandersetzungsregeln zu halten.

---

397 Noch zu § 734 BGB a. F., der mit redaktioneller Anpassung durch das Gesetz zur Modernisierung des Personengesellschaftsrechts in § 736d VI BGB n. F. übernommen wurde, vgl. Bundestag-Drucksache 19/27635, S. 188; BeckOGK BGB/*R. Koch*, Stand: 01.10.2023, § 734 Rn. 2; Erman/*Westermann*, 16. Aufl., § 734 Rn. 1; Staudinger/*Habermeier*, § 734 Rn. 1.

398 BGH, Urteil vom 24.10.1994 – II ZR 231/93, NJW 1995, 188, 189; Erman/*Westermann*, § 734 Rn. 2.

Aus einer Gesamtschau dieser Auseinandersetzungsregeln ergibt sich die Verpflichtung des Miterben zur Ausgleichszahlung, wenn und soweit der ihm zugefallene Gesellschaftsanteil wertmäßig über dem liegt, was ihm nach seiner Erbquote am Nachlass zustünde. Es wurde bereits erläutert, dass weder ein Vergleich zur rechtsgeschäftlichen Teilauseinandersetzung[399] noch ein Vergleich zur – wie auch immer gearteten – Teilungsanordnung hilfreich ist bzw. eine Begründung für die Ausgleichspflicht liefern kann.[400]

Die Ausgleichspflicht ergibt sich vielmehr aus der Besonderheit, dass die Wertungen des Gesellschaftsrechts ein Zurücktreten des sonst zweiaktigen Auseinandersetzungsgeschehens des Erbrechts verlangen, und zwar dergestalt, dass die dingliche Zuordnung des Gesellschaftsanteils aufgrund gesellschaftsrechtlicher Wertungen bereits mit dem Todesfall auf den Nachfolgeberechtigten stattfindet und somit eine Übertragung des Gesellschaftsanteils im Rahmen der Auseinandersetzung obsolet geworden ist. Genauer: Die rechtsgeschäftliche Übertragung von dem Gesamthandsvermögen in das Privatvermögen des Miterben ist nicht mehr erforderlich.[401] Zu berücksichtigen ist jedoch, dass das Gesellschaftsrecht über die interne Wertverteilung zwischen den Miterben keine Aussage trifft und auch die Vererbung des Gesellschaftsanteils als solche sich nach erbrechtlichen Grundsätzen vollzieht.

Die Frage, ob für den eintretenden Miterben eine Pflicht zum Ausgleich besteht, ist folglich mit dem Erbrecht zu beantworten. Wie bereits dargelegt, machen die Besonderheiten des Gesellschaftsrechts lediglich den zweiten Akt der Auseinandersetzung, mithin die dingliche Übertragung des Gesellschaftsanteils obsolet, sodass nunmehr allein die Frage besteht, woraus sich der Anspruch auf Ausgleichszahlung ergibt. Dem Grunde nach wurde bereits ausgeführt, dass sowohl im Falle der streitigen als auch im Falle der einvernehmlichen Auseinandersetzung ein etwaiger Auseinandersetzungsvertrag Rechtsgrund für die Auseinandersetzung ist. Das gilt ebenso für einen etwaigen zu zahlenden Ausgleich. Dass der Rechtsgrund für die Auseinandersetzung der Auseinandersetzungsvertrag ist, liefert jedoch keine Begründung für die Aufnahme einer Ausgleichspflicht des eintretenden Miterben in dem Auseinandersetzungsvertrag. Soweit die Miterben sich einvernehmlich auch über die Auseinandersetzung einigen und in diese Einigung die Zahlung einer Ausgleichspflicht aufnehmen, ist die Rechtslage unproblematisch. Die einzig

399 Vgl. hierzu 3. Kapitel III. 12. j. bb. (2).
400 Vgl. hierzu 3. Kapitel III. 12. j. bb. (1).
401 Das hat *Menold*, S. 144 bereits zutreffend herausgearbeitet.

entscheidende Frage ist, woraus sich im Falle einer streitigen Auseinandersetzung der Miterben der Anspruch des oder der nicht nachfolgeberechtigten Miterben ergibt, in dem aufzustellenden Auseinandersetzungsvertrag die Zahlung eines Ausgleichs gegenüber den nachfolgenden Miterben zu verlangen.

Hierbei ist im Grundsatz festzuhalten, dass es für die Berücksichtigung nur zwei Ansatzpunkte gibt: Zum einen hat sich der Miterbe bei der Aufstellung des Teilungsplans an etwaige Auseinandersetzungsanordnungen des Erblassers zu halten. Zum anderen hat der Miterbe die gesetzlichen Regelungen der Auseinandersetzung zu beachten, da diese – soweit keine vorrangigen Auseinandersetzungsanordnungen des Erblassers bestehen – die maßgeblichen Regeln für die Auseinandersetzung der Erbengemeinschaft beinhalten. Etwaige Auseinandersetzungsanordnungen helfen zur Begründung jedenfalls dann nicht weiter, wenn solche mangels letztwilliger Verfügung des Erblassers überhaupt nicht existieren. Hat der Erblasser beispielsweise nur einen seiner Abkömmlinge im Wege der qualifizierten Nachfolgeklausel zur Nachfolge berechtigt, im Übrigen jedoch keine letztwillige Verfügung errichtet, sondern vielmehr die gesetzliche Erbfolge zum Zuge kommen lassen, so kann bereits dem Grunde nach eine Auseinandersetzungsanordnung keine Begründung dafür liefern, dass die Übertragung des Gesellschaftsanteils im Wege der Sondererbfolge zu einer Berücksichtigung im Rahmen der Auseinandersetzung und somit ggf. zu einer entsprechenden Ausgleichspflicht des Miterben führt. Ungeachtet dieses Ergebnisses wäre selbst bei Vorliegen einer Auseinandersetzungsanordnung in Gestalt einer Teilungsanordnung die Frage zu klären, ob eine überquotale Zuweisung mittels Teilungsanordnung einen entsprechenden Ausgleichsanspruch begründen kann.[402]

Der Fokus ist vielmehr auf den zweiten vom Miterben zu beachtenden Umstand zu legen, mithin, dass dieser bei der Aufstellung des Teilungsplans die gesetzlichen Regelungen zur Auseinandersetzung zu berücksichtigen hat. Die erbrechtlichen Regelungen der Auseinandersetzung sehen in dem gesetzlichen Leitbild vor, dass der Überschuss zwischen den Miterben anhand ihrer Verhältnisse der Erbteile zu verteilen ist (vgl. § 2047 I BGB). Der Überschuss ist dabei als die Nachlassgegenstände definiert, die nach der Berichtigung der Nachlassverbindlichkeiten noch vorhanden sind.[403] Zu Beginn dieser Arbeit

402 Vgl. dazu Kapitel 5. Das übersieht *Menold,* S. 148 bei seiner Begründung der Ausgleichspflicht.

403 BeckOK BGB/*Lohmann,* 68. Edition, Stand: 01.11.2023, § 2047 Rn. 1; jurisPK-BGB/*Schütte*, § 2047 Rn. 2; MüKo BGB/*Fest,* § 2047 Rn. 3; Staudinger/*Löhnig,* § 2047 Rn. 4.

wurde bereits dargelegt, dass der gesamte Gesellschaftsanteil nach heute einhelliger Auffassung wertmäßig dem Nachlass als Nachlassgegenstand zugeordnet wird.[404] Wenn der Gesellschaftsanteil aber nach unbestrittener Auffassung Nachlassbestandteil ist, ist er in der Konsequenz auch im Rahmen der Auseinandersetzung als Rechnungsposten einzustellen.[405] Denn das Gesetz geht in § 2047 I BGB von einer an der Erbquote ausgerichteten Verteilung des Nachlasses aus. Dies führt dazu, dass der Miterbe, der durch den Eintritt der Sondererbfolge schon mehr erhalten hat als ihm nach der Erbquote zustünde, zum Ausgleich gegenüber den übrigen Miterben verpflichtet ist. Der Umstand, dass es hier zu einem Zufluss nachlassfremder Mittel kommt, ist folglich der Besonderheit geschuldet, dass es wegen zwingender gesellschaftsrechtlicher Wertungen zu einem direkten Anfall des Gesellschaftsanteils bei dem nachfolgenden Miterben kommen muss. Diese gesellschaftsrechtliche Besonderheit erschöpft sich jedoch darin, dass eine rechtsgeschäftliche Übertragung des Gesellschaftsanteils nicht notwendig ist, weil das Gesellschaftsrecht insoweit die Anwendung einer Sondererbfolge verlangt.[406] Es erfordert aber gerade nicht, dass hiermit bereits eine Erbauseinandersetzung über den Wert der Gesellschaftsbeteiligung fingiert wird.[407] Es bleibt demnach bei der Anwendung der gesetzlichen Auseinandersetzungsvorschriften, die – soweit der Erblasser nicht mittels eines Vorausvermächtnisses Abweichendes geregelt hat – von einer zwingenden Berücksichtigung des Gesellschaftsanteils im Rahmen der Auseinandersetzung ausgehen, die eine wirtschaftliche Beteiligung aller Miterben in Höhe der jeweiligen Erbquote vorsieht (vgl. § 2047 I BGB). Die Ausgleichspflicht des Miterben resultiert also aus dem Umstand, dass der Gesellschaftsanteil Nachlassbestandteil ist und als solcher in die Auseinandersetzung der Erbengemeinschaft einzubeziehen ist, wobei die erbquotengerechte Verteilung für die Erben bindend ist.[408]

---

404 Vgl. hierzu 3. Kapitel II. 3. c.

405 I. E. wohl auch Staudinger/*Löhnig*, Vorbemerkungen zu §§ 2032–2057a Rn. 40, der ohne nähere Begründung darauf hinweist, dass die wertmäßige Zuordnung zum Nachlass insbesondere für die Auseinandersetzung von Bedeutung sei. Ebenso *Menold*, S. 143 ff., der unter anderem jedoch mit Vergleichen zur rechtsgeschäftlichen Teilauseinandersetzung und zur Teilungsanordnung argumentiert, die aus den genannten Gründen abzulehnen sind.

406 So bereits *Esch*, NJW 1984, 339, 339.

407 Ebd.

408 Eine an den Erbquoten ausgerichtete Einbeziehung hat *Menold*, S. 149 bereits zutreffend festgestellt.

k. Zwischenergebnis

Nach alldem ist festzuhalten, dass sich aus dem Auseinandersetzungsvertrag der Anspruch auf Zahlung eines etwaigen Differenzbetrages ergibt, der – wenn keine abweichenden Erblasseranordnungen vorliegen – nach den gesetzlichen Vorschriften aufzustellen ist. Diese wiederum gehen von einer an der Erbquote ausgerichteten Verteilung des Nachlasses aus. Da es sich bei dem Gesellschaftsanteil um einen Nachlassgegenstand handelt, ist dieser bei der Aufstellung des Auseinandersetzungsvertrags zu berücksichtigen. Die Besonderheit, dass es bei einem Gesellschaftsanteil einer Personengesellschaft bereits ipso iure zu einer dinglichen Zuweisung des Gesellschaftsanteils kommt, führt nur dazu, dass die rechtsgeschäftliche Übertragung des Gesellschaftsanteils obsolet wird. Steht diese dingliche Zuordnung im Widerspruch zu der erbrechtlichen Wertverteilung, ist von dem nachfolgenden Miterben eine entsprechende Ausgleichszahlung zu leisten. Vergleiche zur Teilungsanordnung bzw. zur rechtsgeschäftlichen Teilauseinandersetzung können die Ausgleichspflicht weder begründen noch tragen diese – mangels Vergleichbarkeit – etwas zur Nachvollziehbarkeit der Ausgleichsproblematik bei und sollten deshalb gänzlich unterbleiben.

l. Abweichende Bewertung durch das Gesetz zur Modernisierung des Personengesellschaftsrechts (MoPeG)?

Fraglich jedoch ist, ob sich das soeben gefundene Ergebnis mit der am 1. Januar 2024 eingetretenen Rechtslage durch das Gesetz zur Modernisierung des Personengesellschaftsrechts vereinbaren lässt. § 711 II 1 BGB n. F. bestimmt insoweit, dass der Gesellschaftsanteil auf den Erben übergeht, wenn im Gesellschaftsvertrag vereinbart ist, dass im Falle des Todes eines Gesellschafters die Gesellschaft mit seinem Erben fortgesetzt werden soll. Bei dem Vorhandensein mehrerer Erben bestimmt § 711 II 2 BGB n. F., dass der Gesellschaftsanteil dem jeweiligen Erben kraft Gesetzes in Höhe seiner Erbquote zufällt. Letztlich bestimmt § 711 II 3 BGB n. F., dass die Vorschriften über die Erbengemeinschaft insoweit keine Anwendung finden.

Der Gesetzgeber hat mit § 711 II BGB n. F. nunmehr ausdrücklich die Sonderrechtsnachfolge in den Gesellschaftsanteil einer Personengesellschaft anerkannt. Gerade § 711 II 3 BGB n. F. wirft jedoch die Frage auf, inwieweit der Gesetzgeber die Anwendung der Vorschriften über die Erbengemeinschaft ausschließen wollte.[409] Wenn sich der Ausschluss tatsächlich auch auf das gesamte

409 Darauf weisen *Lange/Kretschmann*, ZEV 2021, 545, 550 bereits zutreffend hin.

System der Auseinandersetzung bezöge, ließe sich die Ausgleichspflicht im Rahmen der Nachfolge nicht mit den Auseinandersetzungsregeln begründen.

aa. Literaturmeinungen

Vereinzelt wird sich mit dieser Thematik in Ansätzen auseinandergesetzt. Überwiegend wird dabei ohne weitere Begründung davon ausgegangen, dass sich der Gesetzgeber zu der Ausgleichsproblematik nicht geäußert habe.[410] Zum Teil wird diese Auffassung auch kursorisch begründet, indem ausgeführt wird, dass der Gesetzgeber mit § 711 II BGB n. F. nur die Sondererbfolge in den Gesellschaftsanteil einer Personengesellschaft anerkennen wollte.[411]

bb. Stellungnahme

Dem Wortlaut des § 711 II 3 BGB n. F. ist zu entnehmen, dass die Vorschriften über die Erbengemeinschaft *insoweit* keine Anwendung finden. Der letzte Satz des neu gefassten § 711 II BGB n. F. bezieht sich folglich auf § 711 II 2 BGB n. F., der seinem Wortlaut nach bei einer Mehrheit von Erben den Übergang des Gesellschaftsanteils kraft Gesetzes auf jeden Erben entsprechend der Erbquote regelt. Die Verweisung des Wortes *insoweit* ließe dabei die Interpretation zu, dass die Vorschriften über die Erbengemeinschaft im Hinblick auf die nunmehr anerkannte Sondererbfolge in den Gesellschaftsanteil keine Anwendung finden, mithin insoweit nur der Grundsatz der Gesamtrechtsnachfolge durchbrochen werden soll, es jedoch darüber hinaus bei der Anwendung der Vorschriften der Erbengemeinschaft bleiben soll, insbesondere für einen etwaigen notwendigen Innenausgleich zwischen den Miterben. Der Wortlaut ließe aber auch die Interpretation zu, dass die Vorschriften über die Erbengemeinschaft im Hinblick auf die Rechtsnachfolge in einen Gesellschaftsanteil einer Personengesellschaft generell keine Anwendung finden sollen. Das Wort *insoweit* würde also in diesem Sinne nicht so verstanden werden können, dass es nur zu einer partiellen Unanwendbarkeit der Vorschriften über die Erbengemeinschaft kommt, sondern die Abgrenzung vielmehr gegenständlich vollumfänglich vorzunehmen ist. In diesem Falle fänden die Vorschriften über die Erbengemeinschaft bezogen auf die Rechtsnachfolge in einen Gesellschaftsanteil einer Personengesellschaft mithin keine Anwendung. Die Auslegung des Wortlauts liefert folglich kein eindeutiges Ergebnis.

---

410 MüKo BGB/*Leipold*, § 1922 Rn. 142; *Lange/Kretschmann*, ZEV 2021, 545, 549 f.
411 *Pranzo*, ZErb 2022, 425, 430.

Der Gesetzesbegründung zu § 711 II 2 BGB n. F. ist ein Klarstellungsinteresse seitens des Gesetzgebers zu entnehmen: Dieser beabsichtigte die Herbeiführung eines Gleichlaufs zwischen der schon geltenden Rechtslage und dem Gesetzestext, indem nunmehr geregelt ist, dass der Gesellschaftsanteil nicht auf die Erbengemeinschaft, sondern auf den jeweiligen Miterben persönlich übergeht.[412] *Insoweit* komme es nach der Gesetzesbegründung zu einem Durchbruch des erbrechtlichen Grundsatzes der Gesamtrechtsnachfolge der Erbengemeinschaft nach § 2032 BGB.[413] Aufgrund des vordergründigen Klarstellungsinteresses des Gesetzgebers im Hinblick auf die Anerkennung der Sondererbfolge ist folglich nicht davon auszugehen, dass dieser sich mit der bisherigen Rechtspraxis in Widerspruch stellen wollte. Übereinstimmend mit der bisherigen Literatur ist daher davon auszugehen, dass der Gesetzgeber für den Innenausgleich der Miterben keine spezielle Regelung treffen wollte und insofern der Innenausgleich mit den gesetzlichen Auseinandersetzungsregeln der Erbengemeinschaft begründet werden kann.

---

412 BT.-Drucksache 19/27635, S. 145.

413 Ebd.

4. Kapitel: Ausgleichspflicht - überquotale Teilungsanordnung

Die Ausgleichspflicht eines Miterben im Rahmen einer überquotalen Teilungsanordnung wurde erst zu Beginn der 80er-Jahre in der Rechtsprechung thematisiert (dazu unter II.). Hintergrund dieses Umstands ist, dass der Bundesgerichtshof zu Beginn noch eine sog. wertverschiebende Teilungsanordnung für möglich gehalten hat, jedoch Anfang der 80er-Jahre zu der bereits vom Reichsgericht vertretenen Auffassung, die eine wertverschiebende Teilungsanordnung ablehnte, zurückgekehrt ist (dazu unter I.).

I. Entwicklung der Rechtsprechung im Hinblick auf die sog. „wertverschiebende Teilungsanordnung" und heutige Auffassung in Rechtsprechung und Literatur

1. Auffassung des Reichsgerichts

a. Urteil vom 22. Dezember 1941

Mit Urteil vom 22. Dezember 1941 entschied das Reichsgericht ausdrücklich, dass der Erbteil eines Miterben aufgrund anderer Vorschriften als derjenigen der Teilungsanordnung zu ermitteln sei.[414] Die Auffassung des Berufungsgerichts, eine Teilungsanordnung ermögliche eine höhere oder geringere Beteiligung als der Erbteil, bezeichnete das Reichsgericht als rechtsirrig.[415] Weder der Wert noch das Zahlverhältnis eines Erbteils könne durch eine Anordnung, mit der der Erblasser einen Nachlassgegenstand einem Miterben zuweise, verändert werden.[416] Die Wirkung einer Teilungsanordnung erschöpfe sich darin, dass diese im Rahmen der Erbteile auszuführen sei.[417] Wird dem bedachten Miterben ein Nachlassgegenstand zugewiesen, der höher als sein Erbteil ist, so handele es sich bei diesem Überschuss nach Ansicht des Reichsgerichts um

---

414 RG, Urteil vom 23.12.1941 – VII 46/41, DNotZ 1942, 182, 183.
415 Ebd.
416 Ebd.
417 Ebd.

keine Teilungsanordnung. Der Wille des Erblassers erfordere vielmehr eine andere Rechtsform zur Verwirklichung.[418]

Das Reichsgericht vertrat also ausdrücklich die Auffassung, dass einer Teilungsanordnung kein wertverschiebender Charakter zugesprochen werden kann.

b. Urteil vom 13. November 1942

Auch in einer Entscheidung aus dem Jahr 1942 hat sich das Reichsgericht zu der Wirkung einer Teilungsanordnung geäußert. Es stellte fest, dass eine Teilungsanordnung sich darin erschöpfe, die Teilung des Nachlasses unter den Miterben zu regeln.[419] Eine äußerlich wirkende Teilungsanordnung könne bei einem Übernahmerecht tatsächlich als Vorausvermächtnis zu qualifizieren sein, wenn der festgesetzte Übernahmepreis unter dem tatsächlichen Wert des Nachlassgegenstandes liege.[420] Es sei insoweit eine Sache der Auslegung, ob sich mit der Teilungsanordnung eine darüber hinausgehende vermächtnismäßige Begünstigung eines Miterben verbinde.[421]

Wenngleich sich das Reichsgericht in dieser Entscheidung nicht ausdrücklich zu der Begrifflichkeit der wertverschiebenden Teilungsanordnung verhält so ist der Urteilsbegründung doch zu entnehmen, dass der erkennende Senat grundsätzlich nicht von einem wertverschiebenden Charakter der Teilungsanordnung ausgegangen ist. Denn es stellte insoweit fest, dass sich der Regelungszweck einer Teilungsanordnung darin erschöpfe, die Teilung der vorhandenen Nachlassgegenstände unter den Miterben festzulegen.

2. Auffassung des Bundesgerichtshofs

a. Urteil vom 8. November 1961

Zunächst hätte man davon ausgehen können, dass der Bundesgerichtshof die Auffassung des Reichsgerichts fortführt. In dem bereits im Grundlagenteil dieser Arbeit erwähnten Urteil vom 8. November 1961, in welchem es primär um die Abgrenzung zwischen einer Teilungsanordnung und einem Vorausvermächtnis ging, entschied der Bundesgerichtshof ausdrücklich, dass sich *„die Teilungsanordnung […] also gewissermaßen auf Fragen der technischen*

418 Ebd. Als Beispiel nennt das Reichsgericht hier ein mögliches Vorausvermächtnis

419 RGZ 170, 163, 170.

420 Ebd.

421 Ebd.

Durchführung der Erbauseinandersetzung [beschränkt], während die wertmäßige Gewichtsverteilung und Gewichtsverschiebung Sache anderer Rechtsinstitute, insbesondere der Erbeinsetzung und des Vermächtnisses, ist."[422]

Der erkennende Senat stellte also fest, dass die wertmäßige Gewichtsverteilung und Gewichtsverschiebung nicht mittels Teilungsanordnung herbeigeführt werden können.

b. Urteil vom 29. Dezember 1961

Es verwundert deshalb, dass der Bundesgerichtshof nur kurze Zeit später entschied, dass eine Teilungsanordnung wertverschiebend wirken könne.[423] Er stellte in seiner Urteilsbegründung fest, dass eine abweichende wirtschaftliche Verteilung des Nachlasses bei der Höhe nach gleichbleibenden Erbquoten auch mittels einer bloßen Teilungsanordnung erfolgen könne.[424] In dem von dem Senat zu entscheidenden Fall haben sich die Eltern der Parteien (Geschwister) gegenseitig zu Alleinerben und die Geschwister je zur Hälfte als Schlusserben des Längerlebenden eingesetzt.[425] Das gemeinschaftliche Ehegattentestament sah eine Aufteilung des beweglichen Vermögens vor und enthielt zudem eine Bestimmung, dass der überlebende Ehegatte nicht an die Aufteilung gebunden sei und frei im Rahmen einer abweichenden Verfügung von Todes wegen verfügen könne.[426] Nachdem die Ehefrau verstorben war, errichtete der Ehemann ein weiteres öffentliches Testament, in welchem eine anderweitige Aufteilung des beweglichen Vermögens sowie ein Übernahmerecht der Klägerin für ein im Nachlass befindliches Grundstück vorgesehen gewesen ist.[427] Sowohl das Berufungsgericht als auch der Bundesgerichtshof kamen zu dem Ergebnis, dass der Vater in seinem nachfolgenden öffentlichen Testament die Erbquoten in Höhe von je ½ unberührt gelassen habe.[428] Vielmehr sei es dem Vater möglich gewesen, mittels Teilungsanordnung eine unterschiedliche wirtschaftliche Beteiligungsquote zu erreichen.[429]

---

422 BGH, Urteil vom 08.11.1961 – V ZR 31/60, NJW 1962, 343, 344.
423 BGH, Urteil vom 29.12.1961 – V ZR 229/60, BeckRS 1961, 31184387.
424 Ebd.
425 Ebd.
426 Ebd.
427 Ebd.
428 Ebd.
429 Ebd.

Erstmals in diesem Urteil bekannte sich der Bundesgerichtshof also zur Rechtsfigur der wertverschiebenden Teilungsanordnung. Entgegen der bisherigen Rechtsprechung des Reichsgerichts und auch der Rechtsprechung des Bundesgerichtshofs, nahm der erkennende Senat an, dass eine Teilungsanordnung zu einer wirtschaftlich abweichenden Beteiligung am Nachlass führen könne.

c. *Urteil vom 17. November 1972*

Seine Auffassung bestätigte der Bundesgerichtshof in einem weiteren Urteil aus dem Jahr 1972. Die Herbeiführung einer wirtschaftlichen Ungleichheit bei Aufrechterhaltung der Erbquoten sei auch mittels Teilungsanordnung rechtlich möglich.[430] Der Auffassung der Revisionsführer, dass eine wirtschaftlich abweichende Verteilung bei den Miterben bei gleich hohen Erbquoten mittels Teilungsanordnung nicht möglich sei,[431] ist der Bundesgerichthof insoweit nicht beigetreten.

d. *Urteil vom 2. Dezember 1981 und 14. März 1984*

Ausdrücklich[432] kehrte der Bundesgerichthof im Dezember 1981 zu der bereits vom Reichsgericht vertretenen Auffassung zurück, indem er entschied, dass eine Teilungsanordnung die Höhe der Erbteile der Miterben an dem Nachlass unberührt lasse.[433] In einem weiteren Urteil aus dem Jahr 1984 hielt der Bundesgerichtshof schließlich wörtlich fest, dass Teilungsanordnungen die Höhe der Erbquoten und den Wert der Beteiligung am Nachlass unberührt lassen und stellte noch einmal klar, dass er nunmehr mit seiner Auffassung zu der des Reichsgerichts zurückgekehrt ist.[434]

---

430 BGH, Urteil vom 17.11.1972 – IV ZR 1971/71, WM 1973, 84, 85.

431 Ebd.

432 Bereits im Urteil vom 23.09.1981 – IVa ZR 185/80, NJW 1982, 43, 44 zeichnete sich ab, dass der BGH an der Rechtsfigur der wertschiebenden Teilungsanordnung nicht mehr festhält, da er insoweit einen Ausgleich des Miterben als Voraussetzung für eine entsprechende überquotale Teilungsanordnung benannte, vgl. hierzu die folgenden Ausführungen zur überquotalen Teilungsanordnung.

433 BGH, Urteil vom 02.12.1981 – IVa ZR 252/80, NJW 1982, 441, 442.

434 BGH, Urteil vom 14.03.1984 – IVa ZR 87/82, NJW 1985, 51, 52.

3. Heutiger Standpunkt zur „wertverschiebenden Teilungsanordnung“

In Rechtsprechung und Literatur besteht heute Einigkeit, dass eine Teilungsanordnung zu keiner Wertverschiebung unter den Miterben führt.[435] Folglich gibt es auch keine wertverschiebende Teilungsanordnung.[436]

Gleichwohl wird die Begrifflichkeit der wertverschiebenden Teilungsanordnung auch heute noch regelmäßig verwendet. Zum Teil wird darauf hingewiesen, dass eine wertverschiebende Teilungsanordnung zwingend einen Wertausgleich beinhalte, soweit der zugewandte Gegenstand wertmäßig über der Erbquote liege.[437] Für andere stellt die wertverschiebende Teilungsanordnung eine Belastung im Sinne des § 2306 BGB dar.[438] Wieder andere verstehen unter einer wertverschiebenden Teilungsanordnung eine Teilungsanordnung, die einen Nachlassgegenstand erfasst, der über der Erbquote des bedachten Miterben liegt.[439] Eine Teilungsanordnung führt nach einhelliger Auffassung jedoch – wie dargelegt – nicht zu einer von der Erbquote abweichenden wertmäßigen Beteiligung der Miterben. Folge dessen ist, dass eine wertverschiebende Teilungsanordnung per se nicht anzuerkennen ist, da diese Begrifflichkeit bereits dem Wortlaut nach unpassend ist. Auf diese Begrifflichkeit sollte insoweit unabhängig davon, welche Bedeutung man ihr im Einzelnen beimisst, gänzlich verzichtet werden.

4. Stellungnahme

Die Aufgabe dieser Rechtsprechung ist schon deshalb richtig, weil es der Annahme einer „wertverschiebenden Teilungsanordnung“ überhaupt nicht

---

435 BGH, Urteil vom 02.12.1981 – IVa ZR 252/80, a. a. O.; BGH, Urteil vom 14.03.1984 – IVa ZR 87/82, a. a. O.; OLG Saarbrücken, Urteil vom 25.06.2014 – 5 U 3/14, ZErb 2015, 153, 154; BeckOK BGB/*Lohmann,* 68. Edition, Stand: 01.11.2023, § 2048 Rn. 4; *Eidenmüller,* JA 1991, 150, 155; Erman/*Bayer,* § 2048 Rn. 6; Frieser/*Tschichoflos,* § 2048 Rn. 8; Grüneberg/*Weidlich,* § 2048 Rn. 1; NK-BGB/*Eberl-Borges,* § 2048 Rn. 11; *Lange/Horn,* ZEV 2021, 1, 1, dieselben in ErbR 2020, 678, 681; *Leipold,* Rn. 748; MüKo BGB/*Fest,* § 2048 Rn. 2; Prütting/Wegen/Weinreich/*Zimmer,* § 2048 Rn. 11; Soergel/*Lettmaier,* § 2048 Rn. 3; Staudinger/*Löhnig,* § 2048 Rn. 19.

436 *Leipold,* Rn. 748.

437 *Schlüter,* ErbR, 2011, 233, 239.

438 MAH ErbR/*Horn,* § 29 Rn. 118.

439 So *Olzen/Looschelders,* ErbR, 3. Kapitel Rn. 368, was dem hiesigen Verständnis der überquotalen Teilungsanordnung entspricht.

bedarf. Den entschiedenen Konstellationen der Rechtsprechung war gemein, dass sich die Erbquoten einerseits und die wirtschaftliche Beteiligungsquote andererseits nicht deckten. Der richtige Ansatz wäre hierbei gewesen, nicht ohne weitere Begründung eine „wertverschiebende" Teilungsanordnung anzunehmen, sondern vielmehr den für das Erbrecht vorrangigen Gesichtspunkt der Testamentsauslegung in den Vordergrund zu stellen: den Willen des Erblassers.[440] Die Annahme einer „wertverschiebenden Teilungsanordnung" kann die Suche nach dem – ggf. hypothetischen – Willen des Erblassers nicht ersetzen.[441] Letztlich ist den Gegenstimmen in der Literatur beizupflichten, dass die Annahme einer wertverschiebenden Teilungsanordnung die Gefahr birgt, die Bindungswirkung von gemeinschaftlichen Testamenten und Erbverträgen auszuhöhlen, da eine Teilungsanordnung dieser Bindungswirkung gem. § 2270 III BGB nicht unterliegt.[442]

II. Entwicklung und Standpunkt der Rechtsprechung zur Ausgleichspflicht im Rahmen der überquotalen Teilungsanordnung

Mit dem Wegfall der „wertverschiebenden Teilungsanordnung" wurde fortan die Frage relevant, ob ein Miterbe, der von einer überquotalen Teilungsanordnung betroffen ist, einer Ausgleichspflicht aus seinem Privatvermögen unterliegt. Denn aufgrund dessen, dass nunmehr die Problematik der Inkongruenz zwischen wirtschaftlicher Beteiligungsquote und Erbquote nicht mehr mit der Anerkennung einer wertverschiebenden Teilungsanordnung gelöst werden konnte, war insoweit die Frage zu klären, ob wegen des nicht wertverschiebenden Charakters einer Teilungsanordnung eine entsprechende Ausgleichspflicht des bedachten Miterben anzunehmen ist. Die Rechtsprechung ist in ihren Ausführungen zu der überquotalen Teilungsanordnung wiederum nicht konsistent.

---

440 Vgl. hierzu eingehend die zutreffenden Ausführungen *Dieckmanns,* FS Coing, S. 53 ff., der darlegt, dass für die Annahme einer wertverschiebenden Teilungsanordnung ein zwingender Anlass fehlt.

441 So auch *Dieckmann,* FS Coing, S. 71; ebenso *Gergen,* ZErb 2006, 362, 363.

442 *Dieckmann,* FS Coing, S. 70; *Gergen,* a. a. O.

1. Bundesgerichtshof

a. *Urteil vom 23. September 1981*

Bereits in einem Urteil aus dem Jahr 1981 entschied der Bundesgerichtshof, dass der Erblasser einem Miterben per Teilungsanordnung wertmäßig mehr Nachlassgegenstände zukommen lassen könne, als es dem Wert seines Erbteiles entspricht.[443] Als Voraussetzung für solch eine Teilungsanordnung betitelt der Bundesgerichtshof in diesem Zusammenhang allerdings, dass der Erblasser den überquotal begünstigten Miterben gleichzeitig zu einem kongruenten Ausgleich verpflichte.[444] Mit dem erfolgten Ausgleich habe sich der Miterbe dann abfinden müssen.[445] Zu Beginn ging der Bundesgerichtshof insoweit ohne weitere Begründung von der Möglichkeit der Auferlegung einer Ausgleichspflicht aus.

b. *Urteil vom 14. März 1984*

Hierauf aufbauend entschied der vierte Senat am 14. März 1984 unter Bezugnahme der zuvor genannten Entscheidung, dass der Erblasser mittels Teilungsanordnung gem. § 2048 BGB in der Lage ist, einem einzelnen Miterben den gesamten Nachlass zuzuordnen und diesen im Übrigen zur Ausgleichszahlung aus seinem eigenen Vermögen zu verpflichten.[446] Eine überquotale Teilungsanordnung sei nach Ansicht des Bundesgerichtshofs nur dann durchführbar, wenn der Erblasser eine entsprechende Anordnungspflicht angeordnet habe oder der Ausgleich auch ohne entsprechende Anordnungspflicht erfolge.[447] § 2048 BGB ermögliche dem Erblasser dabei, die Ausgleichspflicht von vornherein vorzuschreiben.[448]

Dieses Urteil lässt im Ansatz einen ersten Begründungsversuch des Bundesgerichtshofs erkennen. Die Möglichkeit, dass der Erblasser mittels Teilungsanordnung eine von den gesetzlichen Auseinandersetzungsregeln abweichende Auseinandersetzung festlegen könne (vgl. § 2048 S. 1 BGB), rechtfertige den Umstand, dass dieser auch die Möglichkeit zur Verteilung seines Nachlasses unter Festlegung etwaiger Ausgleichszahlungen habe.

---

443 BGH, Urteil vom 23.09.1981 – IVa ZR 185/80, NJW 1982, 43, 44.
444 BGH, a. a. O.
445 BGH, a. a. O.
446 BGH, Urteil vom 14.03.1984 – IVa ZR 87/82, NJW 1985, 51, 52.
447 BGH, a. a. O.
448 BGH, a. a. O.

c. *Urteil vom 23. Mai 1984*

In einer weiteren Entscheidung vom 23. Mai 1984 entschied der Bundesgerichtshof, dass eine Zuweisung eines Einzelgegenstands, der wertmäßig über der Erbquote liege, nur dann als Teilungsanordnung gewertet werden könne, wenn eine Wertverschiebung ausgeschlossen sei, mithin der Erblasser den Miterben zu einem entsprechenden Ausgleich aus seinem Privatvermögen verpflichtet habe.[449] Auch in diesem Urteil ging der erkennende Senat insoweit ohne nähere Begründung von der Möglichkeit aus, dass der Erblasser dem Miterben eine entsprechende Ausgleichspflicht auferlegen könne.

d. *Urteil vom 28. Januar 1987*

Diese Auffassung bestätigte der Bundesgerichtshof in seinem Urteil vom 28. Januar 1987. Er führte aus, dass sich eine überquotale Teilungsanordnung nur dann aufrechterhalten lasse, wenn der Miterbe, der durch die Teilungsanordnung eine wertmäßige Begünstigung gegenüber den anderen Miterben erhält, eine Ausgleichszahlung aus seinem eigenen, d. h. seinem Privatvermögen, leiste.[450] Hierbei stellt der erkennende Senat fest, dass der Miterbe zu dieser Ausgleichszahlung in den meisten Fällen bereit sein wird und – unabhängig hiervon – auch eine diesbezügliche Pflicht anzunehmen sei, *„zumal Teilungsanordnungen gem. § 2048 S. 1 BGB für alle Miterben verbindlich zu sein pflegen“*.[451]

Die bereits in dem Urteil vom 14. März 1984 enthaltene Begründung setzt der Bundesgerichtshof in diesem Urteil fort. Die schuldrechtliche Verpflichtungswirkung der Teilungsanordnung sei Grund dafür, dass der Miterbe zu einem Ausgleich aus seinem Privatvermögen verpflichtet werden könne.

e. *Urteil vom 6. Dezember 1989*

Weiterhin nahm der Bundesgerichtshof am 6. Dezember 1989 auf seine Entscheidung vom 14. März 1984 und das Urteil vom 28. Januar 1987 Bezug und stellte insoweit fest, dass die Anordnung einer Teilungsanordnung zwingend mit einem Wertausgleich verbunden sei.[452]

---

449 BGH, Urteil vom 23.05.1984 – ZR 185/82, BeckRS 2010, 25988 Rn. 16.

450 BGH, Urteil vom 28.01.1987 – IVa ZR 191/85, BeckRS 2010, 27947 Rn. 13.

451 BGH, a. a. O.

452 BGH, Urteil vom 06.12.1989 – IVa ZR 59/88, DNotZ, 1990, 805, 807.

f. Urteil vom 27. Juni 1990

Diese Rechtsprechung setzte der Bundesgerichtshof insoweit auch noch konsequent im Jahre 1990 fort. Wiederum hielt der erkennende Senat ausdrücklich fest, dass der Erblasser einem Miterben mittels überquotaler Teilungsanordnung Nachlassgegenstände zuweisen könne, deren Werte oberhalb dessen liegen, was ihm rechnerisch nach seiner Erbquote zustünde.[453] Solch eine überquotale Teilungsanordnung hat nach Auffassung des Bundesgerichtshofes zur Folge, dass der „*Miterbe den ihm nicht gebührenden Mehrwert im Rahmen der Auseinandersetzung auf andere Weise wieder auszugleichen hat*".[454]

g. Urteil vom 19. März 1992

Auch in einem weiteren Urteil im Jahre 1992 ging der Bundesgerichtshof davon aus, dass der Miterbe bzgl. des Mehrwertes des zugewandten Gegenstandes verpflichtet sein kann, einen Ausgleich aus seinem eigenen Vermögen zu leisten.[455] Der erkennende Senat stellte insoweit fest, dass der Erblasser in dem Fall einer überquotalen Beteiligung am Nachlass die Wertverschiebung dadurch verhindern könne, indem er per Teilungsanordnung einen Wertausgleich anordne.[456]

h. Beschluss vom 25. Oktober 1995

Eine Abkehr von dieser Rechtsprechung erfolgte im Jahre 1995. Dort entschied der Bundesgerichtshof, dass die freiwillige Leistung einer entsprechenden Ausgleichszahlung Voraussetzung für die Berücksichtigung der überquotalen Teilungsanordnung im Rahmen der Auseinandersetzung gem. § 2042 BGB sei.[457]

2. Obergerichte

a. Oberlandesgericht Braunschweig, Urteil vom 11. November 1994

Das Oberlandesgericht Braunschweig vertrat in der Vorinstanz zu dem von dem Bundesgerichthof gefassten Beschluss vom 25. Oktober 1995 die Auffassung, dass im Falle einer überquotalen Teilungsanordnung eine Ausgleichspflicht aus dem Privatvermögen des bedachten Miterben bestehe.[458] Denn eine

---

453 BGH, Urteil vom 27.06.1990 – IV ZR 104/89, NJW-RR 1990, 1220, 1221.
454 BGH, a. a. O.
455 BGH, Urteil vom 19.03.1992 – IX ZR 120/91, NJW-RR 1992, 772, 774.
456 BGH, a. a. O.
457 BGH, Beschluss vom 25.10.1995 – IV ZR 362/94, NJW-RR 1996, 577, 577.
458 OLG Braunschweig, Urteil vom 11.11.1994 – 5 U 13/94, BeckRS 1994, 30843726.

(überquotale) Teilungsanordnung zeichne sich gerade dadurch aus, dass nach dem Willen des Erblassers eine Wertverschiebung durch eine entsprechende Ausgleichspflicht aus dem Eigenvermögen des Miterben ausgeschlossen werden solle.[459]

b. Oberlandesgericht Koblenz, Urteil vom 13. Oktober 2005

Das Oberlandesgericht Koblenz sprach sich darüber hinaus ebenfalls für eine mögliche Ausgleichspflicht im Rahmen einer überquotalen Teilungsanordnung aus.[460] In den Entscheidungsgründen begründete der erkennende Senat dies wortlautgetreu wie der Bundesgerichtshof in seinem Urteil vom 28. Januar 1987[461] und verwies insoweit auf die Verbindlichkeit einer Teilungsanordnung für die Miterben.[462]

c. Oberlandesgericht Frankfurt, Urteil vom 5. Oktober 2007

Unter Bezugnahme auf das Urteil des Bundesgerichtshofs vom 27. Juni 1990[463] stellte auch das Oberlandesgericht Frankfurt ohne weitere Begründung fest, dass bei einer „reinen" Teilungsanordnung eine anderweitige Ausgleichspflicht des Miterben bestünde.[464]

d. Oberlandesgericht Jena, Urteil vom 30. Juli 2008

Anders beurteilte der erkennende Senat des Oberlandesgerichts Jena die Fallgestaltung der überquotalen Teilungsanordnung. Zwar sei die Wirksamkeit einer Teilungsanordnung nicht deshalb in Frage zu stellen, weil einem Miterben ein über seiner Erbquote liegender Nachlassgegenstand zugeordnet werde.[465] Die Verwirklichung der Teilungsanordnung hänge aber davon ab, dass der betreffende Miterbe den Differenzbetrag vorab durch eine freiwillige Zahlung in den Nachlass ausgleiche.[466]

---

459 Ebd.
460 OLG Koblenz, Urteil vom 13.10.2005 – 5 U 451/05, NJW-RR 2005, 1601, 1602.
461 Vgl. Fn. 450.
462 Ebd.
463 Vgl. Fn. 453.
464 OLG Frankfurt a.M., Urteil vom 05.10.2007 – 3 U 272/06, NJW-RR 2008, 532, 533.
465 OLG Jena, Urteil vom 30.07.2008 – 4 U 726/06, BeckRS 2009, 8668.
466 Ebd.

e. Oberlandesgericht Saarbrücken, Urteil vom 25. Juni 2014

Das Oberlandesgericht Saarbrücken vertritt hingegen die Auffassung, dass im Falle einer überquotalen Teilungsanordnung die Pflicht des Miterben bestehe, den über seiner Erbquote liegenden Mehrwert durch eine entsprechende Zahlung aus seinem eigenen Vermögen auszugleichen.[467]

III. Standpunkte in der Literatur zur Ausgleichspflicht im Rahmen der überquotalen Teilungsanordnung

In der Literatur werden verschiedene Standpunkte im Hinblick auf eine Ausgleichspflicht vertreten:

1. Annahme einer Ausgleichspflicht aus dem Privatvermögen

Es wird vertreten, der Erblasser habe durch eine Teilungsanordnung die Möglichkeit, einem Miterben einen Gegenstand zuzuweisen, der über seiner Erbquote liegt und diesen zugleich zur Ausgleichszahlung aus seinem Privatvermögen zu verpflichten.[468]

---

467 OLG Saarbrücken, Urteil vom 25.06.2014 – 5 U 3/14, BeckRS 2015, 7786 Rn. 31.

468 Burandt/Rojahn/*Flechtner*, § 2048 Rn. 10; Ebeling/Geck/*Klose*, § 6 Rn. 149; *Horn/Kroiß*, ErbR 2014, 56, 57; Jauernig/*Stürner*, § 2048 Rn. 4; *Krug*, ZErb 2001, 5, 5; *Lange/Horn*, ZEV 2021, 1, 5; *Lange/Kuchinke*, § 32 I 2; *Röthel*, ErbR, § 32 Rn. 81; *Ruhwinkel*, Die Erbengemeinschaft, Rn. 657; Staudinger/*Löhnig*, § 2048 Rn. 13; ebenso *Schlinker*, JR 2010, 93, 93, der konkretisiert, dass die Fälligkeit der Ausgleichsforderung auf den Zeitpunkt herausgeschoben wird, in dem die Miterben den Auseinandersetzungsvertrag schließen; im Ergebnis ebenso wohl *Brox*, ErbR, § 31 Rn. 14, der die Möglichkeit anerkennt, dass in einer Teilungsanordnung eine Ausgleichspflicht bzgl. des übersteigenden Werts vorgesehen wird; wohl auch *Leipold*, Rn. 748, der ausführt, dass die Zuweisung eines Nachlassgegenstandes über dem Wert der Erbquote per Teilungsanordnung nur unter Auferlegung einer Ausgleichspflicht zugunsten der anderen Miterben erfolgen kann; wohl auch *Sommer/Kerschbaumer*, ZEV 2004, 13, 14, die ebenfalls eine Ausgleichspflicht bei überquotaler Beteiligung bejahen; anders *Beck*, DNotZ 1961, 565, 569, der eine überquotale Teilungsanordnung bei nur geringen Abweichungen zur Erbquote für beachtlich hält.

a. Anspruch aus §§ 2042, 2047 BGB

Vereinzelt wird als Rechtsgrundlage für eine entsprechende Ausgleichspflicht auf die §§ 2042, 2047 BGB abgestellt.[469] Die Vertreter dieser Auffassung ziehen zunächst eine Parallele zur Ausgleichspflicht im Rahmen der Nachfolge in den Gesellschaftsanteil einer Personengesellschaft.[470] Sowohl bei der überquotalen Teilungsanordnung als auch bei der qualifizierten Nachfolge in einen Gesellschaftsanteil einer Personengesellschaft ginge es um eine Sonderzuweisung von Nachlassbestandteilen, die unter den Miterben bei vorhandener Differenz zur Erbquote auszugleichen sei.[471] Hier wie dort fehlt es an einer Norm, die die Ausgleichspflicht des begünstigten Miterben enthält.[472]

Im Hinblick auf die dem Miterben obliegende Verpflichtung zum Ausgleich wird angeführt, dass eine entsprechende Auseinandersetzungsanordnung des Erblassers schuldrechtliche Wirkung habe, was dazu führe, dass der bedachte Miterbe zu einem Ausgleich aus seinem Privatvermögen verpflichtet sei.[473] Der Beschluss des Bundesgerichtshofs aus dem Jahre 1995, der eine freiwillige Ausgleichszahlung als Voraussetzung für die Durchführbarkeit der Teilungsanordnung statuiere, gebe für die Ablehnung einer Ausgleichspflicht nichts her.[474] Denn der Bundesgerichthof habe damit nicht ausführen wollen, dass die Ausgleichszahlung immer nur auf freiwilliger Basis erfolgen könne.[475] Der Hinweis, der Erblasser sei zu einer verpflichtenden Ausgleichszahlung mittels Teilungsanordnung nicht in der Lage, überzeuge nicht, da der Erblasser auch in anderen Bereichen der möglichen Gestaltungen, wie z. B. der Auflage gem. §§ 1940, 2192 ff. BGB oder des Vermächtnisses gem. § 2169 BGB bzw. § 2170 BGB, Verpflichtungen aussprechen könne, die außerhalb des Nachlasses liegen.[476] Schließlich habe der Erblasser die Zuweisung bei wirtschaftlicher Gleichbehandlung seiner Erben mittels Wahl einer Teilungsanordnung

469 *Lange/Horn*, ZEV 2021, 1, 5.

470 *Lange/Horn*, ZEV 2021, 1, 3 f., die im Ergebnis die dort genannten Rechtsgrundlagen einer etwaigen Ausgleichspflicht ablehnen und zur Anwendung von §§ 2042, 2047 BGB gelangen.

471 *Lange/Horn*, ZEV 2021, 1, 3.

472 Ebd.

473 *Horn/Kroiß*, ErbR 2014, 56, 58; *Lange/Horn*, ZEV 2021, 1, 6.

474 *Lange/Horn*, ZEV 2021, 1, 6.

475 Ebd.

476 *Horn/Kroiß*, ErbR 2014, 56, 58; *Lange/Horn*, ZEV 2021, 1, 6; *Schlinker*, JR 2010, 93, 96.

beabsichtigt.[477] Zudem stünde dem Miterben die Möglichkeit zur Ausschlagung offen, was den Pflichtteilsanspruch wegen § 2306 BGB unberührt lasse.[478]

b. *Anspruch aus der Teilungsanordnung*

Vereinzelt wird der Anspruch auf Zahlung eines Ausgleichs auch direkt aus der Teilungsanordnung begründet.[479] Für die Anerkennung einer Ausgleichspflicht per Teilungsanordnung spreche, dass eine Teilungsanordnung den Auseinandersetzungsvertrag unter den Miterben in ihrem Regelungsbereich ersetze.[480] Außerdem beruhe die Ausgleichsforderung wie die Zuweisung des Nachlassgegenstandes auf dem Willen des Erblassers, welcher durch die Anerkennung letztwilliger Verfügungen durch das BGB geachtet werde.[481] Der zum Ausgleich verpflichtete Miterbe sei auch dahingehend ausreichend geschützt, dass er die dem ihm per Teilungsanordnung zugewiesenen Gegenstände veräußern könne, um so seiner Ausgleichsforderung nachzukommen.[482] Hierfür sei lediglich erforderlich, die Fälligkeit der Ausgleichszahlung auf den Eingang des Veräußerungserlöses hinauszuschieben.[483] Letzterer Umstand führe auch dazu, dass ein Vertrag zu Lasten Dritter, den das BGB grundsätzlich nicht kennt, nicht angenommen werden könne.[484] Auch dieser Vertreter weist auf eine vergleichbare Situation zu einem Vermächtnis und der Auflage hin, insbesondere ermögliche § 2169 BGB ein Vermächtnis über fremde Gegenstände.[485]

2. Ablehnung einer Ausgleichspflicht aus dem Privatvermögen

Die wohl überwiegende Auffassung widerspricht dieser Annahme und meint, dass es dem Erblasser per Teilungsanordnung nicht möglich sei, den bedachten Miterben zur Ausgleichszahlung aus seinem Privatvermögen zu verpflichten.[486]

---

477 Horn/Kroiß/*Horn*, § 10 Rn. 25.
478 Ebd.
479 *Schlinker*, JR 2010, 93, 95.
480 Ebd.
481 Ebd.
482 *Schlinker*, JR 2010, 93, 96.
483 Ebd.
484 Ebd.
485 Ebd.
486 BeckOGK BGB/*Rißmann/Szalai*, Stand: 01.09.2023, § 2048 Rn. 39; *Bredemeyer*, ZErb 2017, 343, 344; Damrau/Tanck/*Rißmann*, § 2048 Rn. 19; Erman/*Bayer*, § 2048 Rn. 6; Frieser/*Tschichoflos*, § 2048 Rn. 18; *Gottwald*, ErbR 2007, 11, 14; Grüneberg/*Weidlich*, § 2048 Rn. 1; *Johannsen*, WM 1985 Sonderbeilage 1, 3, 8; jurisPK

Die Durchführbarkeit der Teilungsanordnung hänge letztlich davon ab, ob der Miterbe zur Zahlung der Ausgleichsleistung bereit sei.[487] Vereinzelt wird hier vertreten, dass eine Ausgleichspflicht allenfalls denkbar sei, wenn der Erblasser per Teilungsanordnung ein Übernahmerecht gegen Ausgleichszahlung letztwillig verfügt habe.[488]

IV. Stellungnahme zu dem bisherigen Meinungsstand

Vereinzelt wurde, wie dargelegt, eine Vergleichbarkeit zur Ausgleichspflicht bei der Erbfolge von Gesellschaftsanteilen an einer Personengesellschaft behauptet. Dem mag insoweit nicht widersprochen werden, als dass es auch im Rahmen der überquotalen Teilungsanordnung um eine gegenständliche Zuweisung eines Nachlassgegenstandes geht, welche aufgrund der überquotalen Beteiligung des Miterben die Frage nach einer etwaigen Ausgleichspflicht aufwirft. Vor diesem Hintergrund soll zunächst im Folgenden untersucht werden, ob eine der im Rahmen der Nachfolge in den Gesellschaftsanteil einer Personengesellschaft vertretenen Anspruchsgrundlagen im hiesigen Fall eine Ausgleichspflicht des Miterben rechtfertigen kann.

BGB/*Schütte*, § 2048 Rn. 12; NK-BGB/*Eberl-Borges*, § 2048 Rn. 12; MAH ErbR/*Steinhauer*, § 16 Rn. 12; MüKo BGB/*Fest*, § 2048 Rn. 19; *Muscheler*, Rn. 4000; Nieder/Kössinger/*R. Kössinger/Zintl*, § 15 Rn. 223; *Rogler*, ErbR 2008, 20, 23; *Siegmann*, ZEV 1996, 47, 48; Soergel/*Lettmaier*, 14. Aufl., § 2048 Rn. 3; Staudinger/*Otte*, § 2150 Rn. 20; ebenso *Eidenmüller*, JA 1991, 150, 155, der ausführt, dass in ergänzender Testamentsauslegung von einer aufschiebenden Bedingung hinsichtlich der Teilungsanordnung auszugehen sei, die eine freiwillige Ausgleichszahlung des Miterben beinhalte; dem hat sich Schulze/*Thomas Hoeren*, § 2048 Rn. 2 angeschlossen. Anders *Dieckmann*, FS Coing, S. 65, der in ergänzender Testamentsauslegung von einem Übernahmerecht ausgeht. Offen BeckOK BGB/*Lohmann*, 68. Edition, Stand: 01.11.2023, § 2048 Rn. 3, der die Möglichkeit einer Verpflichtung lediglich anzweifelt.

487 MAH ErbR/*Steinhauer*, § 16 Rn. 9.

488 BeckOGK/*Rißmann/Szalai*, Stand: 01.09.2023, § 2048 Rn. 38.1.

1. Übertragung der Standpunkte zur Ausgleichspflicht bei der qualifizierten Nachfolge von Gesellschaftsanteilen an einer Personengesellschaft

a. §§ 2050 ff. BGB (analog)

Um eine Ausgleichspflicht über § 2050 I BGB zu begründen, ist für die unmittelbare Anwendung der Norm erforderlich, dass es sich bei dem betreffenden Nachlassgegenstand um eine Ausstattung handelt, die ein Abkömmling als gesetzlicher Erbe zu Lebzeiten von dem Erblasser erhalten hat. Im Rahmen der gewillkürten Erbfolge ist nach der Zweifelsregelung des § 2052 BGB ebenfalls von einer Ausgleichspflicht auszugehen, wenn der Erblasser die Abkömmlinge auf dasjenige als Erben eingesetzt hat, was sie als gesetzliche Erben erhalten würden, oder er ihre Erbteile so bestimmt hat, dass sie zueinander in demselben Verhältnis stehen wie die gesetzlichen Erbteile.

Die Begründung einer Ausgleichspflicht über § 2050 I bzw. III BGB kann in mehrfacher Hinsicht problematisch sein:

aa. Persönlicher Anwendungsbereich

Handelt es sich bei den Miterben nicht um Abkömmlinge des Erblassers, so scheidet eine Ausgleichspflicht bereits aus diesem Grunde aus. Die Norm ist einer Analogie im Hinblick auf den Personenkreis nicht zugänglich, da die Stellung als Abkömmling den Willen zur Gleichbehandlung vermutet, auf dem die Norm fußt, was bereits im Rahmen der qualifizierten Nachfolge erörtert wurde.[489] Das gilt auch für den hiesigen Fall im Rahmen der überquotalen Teilungsanordnung.

bb. Lebzeitige Zuwendung

Vor allem setzt die Annahme einer Ausgleichspflicht nach § 2050 I BGB bzw. § 2050 III BGB aber voraus, dass der Abkömmling den Nachlassgegenstand zu Lebzeiten von dem Erblasser erhalten hat. Da es im Falle einer überquotalen Teilungsanordnung jedoch um einen Erwerb von Todes wegen geht, ist jedenfalls aus diesem Grund eine direkte Anwendung des § 2050 I BGB ausgeschlossen. Nichts anderes gilt nach § 2050 III BGB, wenn es sich bei dem betreffenden Nachlassgegenstand nicht um eine Ausstattung, sondern um eine sonstige Zuwendung handelt, da auch hier nach dem Wortlaut des Gesetzes eine Zuwendung unter Lebenden vorliegen muss.

---

489 Vgl. hierzu 3. Kapitel III. 12. b.

Eine Ausgleichspflicht ließe sich deshalb nur dann begründen, wenn das Tatbestandsmerkmal der lebzeitigen Übertragung einer Analogie zugänglich wäre. Es müsste mithin eine planwidrige Regelungslücke im Gesetz bestehen und eine vergleichbare Interessenlage, d. h. der nicht geregelte Sachverhalt müsste in tatsächlicher und rechtlicher Hinsicht so nah an dem geregelten Sachverhalt sein, dass der Gesetzgeber im Rahmen seiner hypothetischen Interessenabwägung zum gleichen Abwägungsergebnis gekommen wäre wie bei dem geregelten Fall.[490] Diesbezüglich wurde bereits ausgeführt, dass eine tatsächliche Vergleichbarkeit bereits zweifelhaft ist.[491] Jedenfalls aber wird man die gesetzgeberische Intention des § 2050 BGB nicht übertragen können. Wie zuvor dargelegt, stellt § 2050 BGB die Vermutung auf, dass der Erblasser seine Abkömmlinge regelmäßig wirtschaftlich gleich behandeln will. Nur für diesen Personenkreis sieht das Gesetz deshalb eine entsprechende Ausgleichspflicht vor, wenn diese zu Lebzeiten Zuwendungen von dem Erblasser erhalten haben. Voraussetzung für die Annahme der Vermutungswirkung ist aber, dass die Abkömmlinge – mit der bereits erwähnten Ausnahme des § 2052 BGB – ihre Erbenstellung grundsätzlich durch eine gesetzliche Erbfolge erlangen. Hintergrund dessen ist, dass der Gesetzgeber für den Fall der gewillkürten Erbfolge eine angemessene Berücksichtigung etwaiger Vorempfänge im Rahmen der von dem Erblasser gewählten Erbquoten unterstellt und es insoweit keiner Ergänzung durch das Gesetz bedarf.[492] Der Gesetzgeber respektiert insoweit die Testierfreiheit des Erblassers im Rahmen der gewillkürten Erbfolge.[493]

Dieser Gedanke kann für den hiesigen Fall der überquotalen Teilungsanordnung fruchtbar gemacht werden. Der Gesetzgeber hat sich mit § 2050 BGB für eine Vermutungsregel entschieden, die jedoch nicht die Testierfreiheit des Erblassers unterlaufen soll. Macht dieser im Wege der gewillkürten Erbfolge von seiner Testierfreiheit Gebrauch, so soll eine gesetzliche Ausgleichspflicht gerade nicht bestehen. Denn insoweit fehlt es offensichtlich an dem Erfordernis, dass das Gesetz in ergänzender Art und Weise in die Anordnungen des Erblassers eingreift.

Nichts anderes kann aber gelten, wenn – wie hier – der Erblasser mittels überquotaler Teilungsanordnung die gegenständliche Verteilung seines Nachlasses regelt. Auch hier muss man von dem Grundsatz ausgehen, dass der

---

490 BGH, Urteil vom 04.08.2010 – XII ZR 118/08, NJW 2010, 3087, 3087.

491 Vgl. hierzu 3. Kapitel III. 12. b.

492 Protokolle S. 699, zit. nach *Mugdan* V, S. 376.

493 MüKo BGB/*Fest*, § 2050 Rn. 1.

Erblasser mit seiner Anordnung eine abschließende Regelung treffen wollte. Denn allein der Umstand, dass der Erblasser eine Teilungsanordnung formuliert, die wertmäßig nicht zu der Erbquote der Miterben passt, und er insofern aktiv von seiner Testierfreiheit Gebrauch macht, verbietet es, eine Ausgleichspflicht gem. § 2050 BGB analog anzunehmen. Das muss jedenfalls dann gelten, wenn dem Erblasser die Inkongruenz zwischen Erbquote und Teilungsanordnung bewusst ist. Ein Gleichbehandlungswille kann unter diesen Umständen nicht mehr vermutet werden. Die Grundannahme, auf der die Anwendung des § 2050 BGB fußt, ist damit im Falle der überquotalen Teilungsanordnung insofern nicht gegeben.

Nicht zuletzt bleibt festzuhalten, dass das Gesetz für den Erwerb von Todes wegen mit den §§ 2042 ff. BGB eigene Regelungen zur Auseinandersetzung der Erbengemeinschaft enthält, sodass es auch insoweit bereits an einer planwidrigen Regelungslücke fehlt. Es ist unzulässig, eine Norm, die auf lebzeitige Zuwendungen zugeschnitten ist, im Wege einer Analogie anzuwenden, wenn das Gesetz die Auseinandersetzung eines Erwerbs von Todes wegen eigenständig regelt.

Ebenso wie im Rahmen der qualifizierten Nachfolge in den Gesellschaftsanteil einer Personengesellschaft lässt sich auch hier einwenden, dass die §§ 2050 ff. BGB wegen § 2056 BGB grundsätzlich nur von einer Anrechnungspflicht, nicht jedoch von einer echten Ausgleichspflicht ausgehen. Der Charakter als reine Anrechnungsvorschriften würde sich insofern gänzlich ändern, was ebenfalls gegen die Annahme einer Analogie spricht.

Letztlich hilft die Anwendung von § 2050 BGB analog jedenfalls dann nicht weiter, wenn der Erblasser Erbquoten gewählt hat, die weder den gesetzlichen Erbquoten noch dessen Verhältnis entsprechen. Hintergrund dieser Rechtsfolge ist eben, dass der Gesetzgeber die Testierfreiheit des Erblassers respektiert. Da die Ausgleichspflicht insofern von dem Verhältnis der Erbquoten abhinge, erscheint die Regelung des § 2050 BGB analog ebenfalls unpassend.

§ 2050 BGB analog kann aus den genannten Gründen im Rahmen der überquotalen Teilungsanordnung keine Anspruchsgrundlage für einen etwaigen Ausgleich darstellen.

b. § 812 I 1 2. Alt. BGB

Ein bereicherungsrechtlicher Anspruch aus einer Nichtleistungskondiktion gem. § 812 I 1 2. Alt. BGB setzt dem Grunde nach zunächst voraus, dass der Bereicherungsschuldner etwas erlangt hat. Nach der Rechtsprechung ist darunter jeder vermögensrechtlich nutzbare Vorteil zu verstehen, der von der

Rechtsordnung einem Rechtssubjekt zugeordnet werden kann.[494] Unter das erlangte Etwas sind unstrittig alle dinglichen Rechte zu subsumieren,[495] insbesondere ist das Eigentum als solches also tauglicher Kondiktionsgegenstand.[496]

Bereits im Grundlagenteil dieser Arbeit wurde herausgearbeitet, dass eine Teilungsanordnung in ihrem Umfang die gesetzlichen Auseinandersetzungsregeln verdrängt.[497] Die Teilungsanordnung bewirkt, dass der betreffende Miterbe abweichend von den gesetzlichen Regeln im Rahmen der Auseinandersetzung der Erbengemeinschaft die Übertragung des Nachlassgegenstandes verlangen kann, mithin ein Auseinandersetzungsvertrag aufgestellt wird, der eine entsprechende Teilungsanordnung des Erblassers berücksichtigt. Eine dingliche Wirkung hat die Teilungsanordnung hingegen nicht, sodass Kondiktionsgegenstand jedenfalls nicht das Eigentum an dem von der Teilungsanordnung erfassten Nachlassgegenstand sein kann. Insoweit unterscheidet sich die Fallgestaltung der überquotalen Teilungsanordnung von der Nachfolge von Todes wegen in den Gesellschaftsanteil einer Personengesellschaft. Anders als dort, ist für die Übertragung des Nachlassgegenstandes noch der sachenrechtliche Übertragungsakt zwischen Erbengemeinschaft und dem Miterben nötig, um das Eigentum an dem betreffenden Nachlassgegenstand zu erlangen.

Das erlangte Etwas könnte insoweit also allenfalls darin gesehen werden, dass der Miterbe den Abschluss eines Auseinandersetzungsvertrags verlangen kann, der im Sinne der Teilungsanordnung einen Übertragungsanspruch im Hinblick auf den Nachlassgegenstand enthält. Auch Forderungen sind insoweit nämlich tauglicher Bereicherungsgegenstand im Rahmen der Kondiktionsansprüche.[498]

Dieser Bereicherungsgegenstand müsste aber für die Begründung einer Nichtleistungskondiktion gem. § 812 I 1 2. Alt. BGB in sonstiger Weise auf Kosten des Bereicherungsschuldners erlangt worden sein. Nach der herrschenden Zuweisungstheorie[499] ist also die Frage zu klären, ob der dem

494 BGH, Urteil vom 18.01.2021 – I ZR 187/10, NJW 2012, 2034, 2037; in der Literatur ist die Definition des erlangten Etwas nicht unumstritten, vgl. hierzu ausführlich MüKo BGB/*Schwab*, § 812 Rn. 1 ff.

495 Erman/*Buck-Heeb*, § 812 Rn. 5; MüKo BGB/*Schwab*, § 812 Rn. 6; Staudinger/*Lorenz*, § 812 Rn. 66.

496 Staudinger/*Lorenz*, a. a. O.

497 Vgl. hierzu 2. Kapitel III 3.

498 MüKo BGB/*Schwab*, § 812 Rn. 8.

499 BGH, Urteil vom 20.01.2013 – VII ZR 259/11, NJW 2013, 781, 783; Erman/*Buck-Heeb*, § 812 Rn. 65; MüKo BGB/*Schwab*, § 812 Rn. 287 m. w. N.

Bereicherungsschuldner zugeflossene Vorteil nach der Rechtsordnung dem Bereicherungsgläubiger zugewiesen ist und deshalb auf Kosten des Bereicherungsgläubigers erging.[500] Bereits die Annahme dieses Tatbestandsmerkmals bereitet im Hinblick auf die überquotale Teilungsanordnung Schwierigkeiten. Denn die Rechtsordnung gibt dem Erblasser insoweit nicht vor, wie er sein Vermögen auf die Miterben zu verteilen hat. Im Rahmen seiner Testierfreiheit ist es dem Erblasser möglich, frei über die Verteilung des Nachlasses zu entscheiden. Die Annahme, dass eine überquotale Teilungsanordnung einen Eingriff in den Zuweisungsgehalt einer Rechtsposition eines Miterben darstellt, die dieser (soweit eine Teilungsanordnung vorliegt) regelmäßig aufgrund einer gewillkürten Entscheidung des Erblassers erhalten hat, ist hiermit nicht zu vereinbaren.

Jedenfalls aber im Hinblick auf die Rechtsfolge eines etwaigen Bereicherungsanspruchs vermag § 812 I 1 2. Alt. BGB einen Ausgleichsanspruch nicht zu rechtfertigen. Wie bereits im Rahmen der Ausgleichsproblematik bei einer qualifizierten Nachfolgeklausel dargelegt, ist Kondiktionsgegenstand der erlangte Vermögensvorteil. Weder dem Bereicherungsgläubiger noch dem Bereicherungsschuldner steht ein einseitiges Recht zu, anstatt der Naturalherausgabe Geldersatz zu leisten, wenn der Bereicherungsgegenstand als solcher noch herausgegeben werden kann. Soweit man den in den Auseinandersetzungsvertrag einzustellenden Übertragungsanspruch also als Kondiktionsgegenstand ansieht, wäre allenfalls dieser auf Rechtsfolgenseite herauszugeben. Auch deshalb kann § 812 I 1 2. Alt. BGB keine Ausgleichspflicht rechtfertigen, die auf die Zahlung eines Geldbetrages gerichtet ist.

c. *§ 242 BGB*

Im Rahmen der qualifizierten Nachfolge in den Gesellschaftsanteil einer Personengesellschaft waren für den Bundesgerichtshof die Möglichkeit des Ausschlusses des Abfindungsanspruchs der Miterben und der hieraus resultierende Übertragungsanspruch des Gesellschaftermiterben der Anknüpfungspunkt für einen Innenausgleich zwischen den Miterben nach § 242 BGB. Der Umstand, dass der Gesellschaftermiterbe durch den Ausschluss der Abfindungsansprüche der nicht nachfolgeberechtigten Miterben gegenüber den übrigen Gesellschaftern die Wiedereinräumung der ursprünglichen Gesellschafterstellung des Erblassers verlangen kann, rechtfertigt nach Ansicht des Bundesgerichtshofs die Ausgleichspflicht gegenüber den übrigen Miterben aus Treu und Glauben. Die Argumentation des Bundesgerichtshofs basiert also im Wesentlichen

---

500 MüKo BGB/*Schwab*, § 812 Rn. 287.

darauf, dass der Verlust der Abfindungsansprüche der nicht zur Nachfolgeberechtigten Miterben und der hieraus resultierende Vorteil für den nachfolgeberechtigten Miterben (den Übertragungsanspruch bzgl. des Gesellschaftsanteils) eine Ausgleichspflicht nach § 242 BGB rechtfertige. Eine Parallele zur Teilungsanordnung ließe sich insoweit ziehen, als dass bei Durchführung der überquotalen Teilungsanordnung die übrigen Miterben wertmäßig nicht das erhalten würden, was ihnen rechnerisch per Erbquote zustünde, weshalb ebenfalls von einer Ausgleichspflicht nach § 242 BGB ausgegangen werden könnte. Berücksichtigt man jedoch, dass es dem Erblasser grundsätzlich unbenommen ist, wie er seinen Nachlass auf seine Erben verteilt,[501] erscheint es fernliegend, über die Korrektivfunktion des § 242 BGB eine Ausgleichspflicht des begünstigten Miterben zu begründen. Denn sowohl die Höhe der Erbquote als auch die Aufnahme der überquotalen Teilungsanordnung in der letztwilligen Verfügung beruht auf der Testierfreiheit des Erblassers. Wieso hier über die Korrektivfunktion des § 242 BGB ein Ausgleichsanspruch angenommen werden können soll, erschließt sich nicht.

Jedenfalls gilt es aber auch im Falle der überquotalen Teilungsanordnung zu berücksichtigen, dass die Korrektivfunktion des § 242 BGB für solche Rechtsfragen keine Anwendung finden kann, für die der Gesetzgeber an anderer Stelle bereits eine Rechtsfolge angeordnet hat. Denn dann ist für eine rechtsfortbildende Argumentation kein Raum. Das wird im weiteren Verlauf dieser Arbeit noch näher beleuchtet, sodass mit § 242 BGB eine entsprechende Ausgleichspflicht nicht begründet werden kann.

d. „Geist der Rechtsordnung“

Im Hinblick auf eine Ausgleichspflicht aus dem unbestimmten Begriff des Geistes der Rechtsordnung gilt nichts anderes, sodass auch hieraus keine Ausgleichspflicht des Miterben begründet werden kann.

e. § 1978 BGB analog

Bereits dem Grunde nach bereitet die Übertragung der Argumentation zu § 1978 BGB analog im Falle der überquotalen Teilungsanordnung Schwierigkeiten. Unterstellt, § 1978 BGB analog stelle im Falle der Sondererbfolge in einen Gesellschaftsanteil einer Personengesellschaft eine taugliche Anspruchsgrundlage für die Ausgleichspflicht dar, so basiert diese Argumentation

---

501 Die Grenze der Testierfreiheit ist jedenfalls das zwingende Pflichtteilsrecht.

im Wesentlichen darauf, dass der durch die qualifizierte Nachfolgeklausel bedachte Miterbe zum Zeitpunkt des Erbfalls den Gesellschaftsanteil automatisch erwirbt und § 1978 BGB diese Wertverschiebung ausgleichen will. Im Falle der überquotalen Teilungsanordnung ist es allerdings noch zu keiner Wertverschiebung gekommen, die Grundlage für einen entsprechenden Wertausgleichsanspruch nach § 1978 BGB analog sein könnte. Die Teilungsanordnung wirkt nämlich insoweit rein schuldrechtlich und hat gerade keine dingliche Wirkung. § 1978 BGB hat – wie bereits dargelegt – zum Zweck, dass der Nachlass für die Nachlassgläubiger ungeschmälert erhalten bleibt. Sowohl in direkter als auch in analoger Anwendung, setzt ein möglicher Ausgleichsanspruch über § 1978 BGB voraus, dass es zu einer Minderung des Nachlasses gekommen ist. Hiervon kann im Falle einer Teilungsanordnung – auch wenn sie überquotal ausgestaltet ist – wegen der rein schuldrechtlichen Wirkung nicht ausgegangen werden. Bereits dem Grunde nach eignet sich § 1978 BGB weder in direkter noch in analoger Anwendung zur Begründung einer entsprechenden Ausgleichspflicht.

Das gilt insbesondere vor dem Hintergrund, dass ein Anspruch aus § 1978 I BGB wegen des engen Regelungsbereichs im Falle der Nachlassinsolvenz und Nachlassverwaltung ohnehin keiner Analogie zugänglich ist.[502]

f. § 2301 BGB

§ 2301 BGB kann – wie bereits dargelegt – kein Anspruchscharakter zugesprochen werden.

Selbst bei außer Acht lassen dieses Aspekts, setzt § 2301 BGB jedenfalls ein Rechtsgeschäft unter Lebenden zwischen dem Erblasser und dem Miterben voraus. Im Rahmen der überquotalen Teilungsanordnung, die eine Verfügung sui generis im Rahmen einer letztwilligen Verfügung darstellt, ist dieses Rechtsgeschäft unter Lebenden nicht gegeben. Eine analoge Anwendung der Norm auf einen Erwerb von Todes wegen kommt, da der Gesetzgeber selbst zwischen den jeweiligen Erwerbsarten unterscheidet, nicht in Betracht.

g. Offene Rechtsfortbildung

Soweit eine Ausgleichspflicht im Rahmen der qualifizierten Nachfolgeklausel mit einer offenen Rechtsfortbildung begründet wurde, hatte dies seinen Ursprung darin, dass die Sondererbfolge in den Gesellschaftsanteil einer

---

502 Das wurde bereits oben ausführlich erörtert, vgl. 3. Kapitel III. 12. f.

Personengesellschaft ebenfalls keine gesetzliche Grundlage hatte. Eine vergleichbare Situation besteht bei der überquotalen Teilungsanordnung hingegen nicht.

h. Auseinandersetzungslösung

aa. § 2048 S. 1 BGB

Den Anspruch aus § 2048 S. 1 BGB zu begründen, setzt voraus, dass es sich bei dieser Norm um eine Anspruchsnorm handelt, was jedoch bereits verneint wurde.[503] Vielmehr ermöglicht die Norm dem Erblasser, von den nachgiebigen Vorschriften der gesetzlichen Erbauseinandersetzung in seinem Sinne abzuweichen.

Ob der Erblasser dagegen die Möglichkeit hat, eine Teilungsanordnung mit dem Inhalt zu verfassen, die eine Inanspruchnahme des Privatvermögens eines Miterben vorsieht und sodann im Rahmen der Erbauseinandersetzung in einem Auseinandersetzungsvertrag zu berücksichtigen ist, wird im Weiteren zu klären sein.

bb. Ausgleichspflicht aus dem Auseinandersetzungsvertrag

Letztlich bleibt zu prüfen, ob eine Ausgleichspflicht nicht aus dem Auseinandersetzungsvertrag begründet werden kann. Das wäre dann der Fall, wenn – wie im Falle der Übertragung des Gesellschaftsanteils an einer Personengesellschaft – der per Teilungsanordnung zugewandte Nachlassgegenstand gleichermaßen bei der Aufstellung des Auseinandersetzungvertrags zu berücksichtigen wäre wie der Gesellschaftsanteil.

Diesbezüglich wurde bereits angedeutet, dass sich der Fall der überquotalen Teilungsanordnung und die Sondererbfolge in einen Gesellschaftsanteil in ihrer rechtlichen Wirkung erheblich unterscheiden. Die Teilungsanordnung hat nach allgemeiner Ansicht rein schuldrechtliche Wirkung, sodass der von der Teilungsanordnung umfasste Nachlassgegenstand noch im gesamthänderisch gebundenen Nachlass vorhanden ist. Dem von der Teilungsanordnung betroffenen Miterben steht lediglich das Recht zu, von den übrigen Miterben eine Auseinandersetzung zu verlangen, die die Teilungsanordnung des Erblassers berücksichtigt. Die dingliche Zuweisung des Nachlassgegenstandes in das Vermögen des Miterben bedarf mithin noch des sachenrechtlichen Übertragungsakts in der jeweiligen gesetzlichen Form. Anders stellt sich die Lage hingegen

---

503 Vgl. hierzu 3. Kapitel III. 12. j. aa. (1).

bei der Vererbung eines Gesellschaftsanteils einer Personengesellschaft dar. Die gegenständliche, sachenrechtliche Auseinandersetzung der Erbengemeinschaft in Gestalt der Abtretung des Gesellschaftsanteils ist wegen des heute geltenden Grundsatzes der Sondererbfolge obsolet. Der Gesellschaftsanteil fällt dem unter die qualifizierte Nachfolgeklausel subsumierbaren Nachfolger mit dem Todesfall unmittelbar an. Nur dieser – und nicht die Erbengemeinschaft – ist alleiniger Inhaber des Gesellschaftsanteils. Gerade diese dingliche Zuordnung ist aber das tragende Argument dafür, dass der eintretende Miterbe gegenüber den Miterben zum Ausgleich verpflichtet ist. Denn die Wertverteilung zwischen den einzelnen Miterben ist anhand erbrechtlicher Vorschriften zu beurteilen. Die gesetzlichen Auseinandersetzungsvorschriften sehen insoweit vor, dass die Miterben in Höhe ihrer Erbquote an dem verbleibenden Überschuss zu beteiligen sind (vgl. § 2047 I BGB). Hat ein Miterbe – wegen der aus den bereits erörterten Gründen eintretenden Sondererbfolge – bereits einen wertmäßig über seiner Erbquote liegenden Anteil am Gesamtnachlass erhalten, ist dieser zu einem entsprechenden Ausgleich gegenüber seinen Miterben verpflichtet. Denn die gesellschaftsrechtlichen Grundsätze, die zu dem zwingenden Eintritt der Sondererbfolge führen, schlagen insoweit nicht auf die nach dem Erbrecht zu beurteilende wertmäßige Auseinandersetzung des Nachlasses durch.

Im Falle der überquotalen Teilungsanordnung fehlt es jedoch an einer entsprechenden dinglichen Zuordnung des von der Teilungsanordnung erfassten Gegenstandes in das Vermögen des Miterben. Hierauf basiert aber gerade die Annahme einer Ausgleichspflicht im Rahmen der qualifizierten Nachfolge in den Gesellschaftsanteil einer Personengesellschaft.

i. Zwischenergebnis

Nach alldem bleibt festzuhalten, dass sich die Nachfolge in den Gesellschaftsanteil einer Personengesellschaft anders darstellt als die Fallgestaltung der überquotalen Teilungsanordnung. Die Ausgleichspflicht im Rahmen der Nachfolge in den Gesellschaftsanteil einer Personengesellschaft resultiert aus der Besonderheit, dass es zu einer dinglichen Einzelzuweisung des Gesellschaftsanteils bei dem nachfolgeberechtigten Miterben kommt und das Gesetz in § 2047 I BGB von einer den Erbquoten entsprechenden Verteilung des vorhandenen Nachlasses ausgeht. Ursache für diese Rechtsfolge sind zwingende Wertungen des Gesellschaftsrechts, die auf den hiesigen Fall der überquotalen Teilungsanordnung nicht übertragen werden können. Denn die Teilungsanordnung führt bereits dem Grunde nach nicht zu einem dinglichen Erwerb an dem von der Teilungsanordnung erfassten Nachlassgegenstand.

2. Stellungnahme zur Ausgleichspflicht aus anderen rechtlichen Wertungen

Dennoch gilt es zu prüfen, ob eine Ausgleichspflicht nicht aus darüber hinausgehenden rechtlichen Wertungen zu rechtfertigen ist. Insoweit bedarf es einer Auseinandersetzung mit den bisher vorgebrachten Argumenten, die die Annahme einer Ausgleichspflicht rechtfertigen sollen. Im Einzelnen:

a. *Verpflichtungswirkung der Teilungsanordnung*

Bereits der Bundesgerichtshof hat in seinem Urteil vom 28. Januar 1987 ausgeführt, dass Teilungsanordnungen für alle Miterben verbindlich sind. Mithin hat der erkennende Senat die Verpflichtungswirkung einer Teilungsanordnung zur Begründung einer etwaigen Ausgleichspflicht angeführt.[504] Eine entsprechende Argumentation wurde auch in der Literatur übernommen, die sich ausdrücklich auf das benannte Urteil des Bundesgerichtshofes bezieht.[505]

Dem ist entgegenzuhalten, dass die Vertreter dieser Argumentation die eigentlich strittige Frage der Ausgleichspflicht ungeklärt lassen. Soweit man mit der Verpflichtungswirkung der Teilungsanordnung argumentiert, kann man nicht ohne weiteres voraussetzen, dass die Verpflichtungswirkung einer Teilungsanordnung die Annahme einer Ausgleichspflicht rechtfertigt. Zu klären ist doch gerade, ob der Erblasser von der gesetzlich eröffneten Möglichkeit, auf die Verteilung seines Nachlasses mittels Teilungsanordnung Einfluss zu nehmen, derart Gebrauch machen kann, dass er im Wege der Teilungsanordnung eine Ausgleichspflicht normiert, die sodann im Rahmen der Aufstellung des Auseinandersetzungsvertrags verpflichtend zu berücksichtigen wäre. Mit anderen Worten muss die entscheidende Frage lauten: Kann eine Teilungsanordnung den Regelungsgehalt haben, dass ein Miterbe sein Privatvermögen zum Ausgleich einer überquotalen Zuweisung seines Nachlassgegenstandes einsetzt? Nur wenn man diese Vorfrage bejaht, kann die Verpflichtungswirkung zur Begründung einer Ausgleichspflicht herangezogen werden. Die Verpflichtungswirkung als solche kann aber allein betrachtet nicht eine Ausgleichspflicht des Miterben mittels seines Privatvermögens rechtfertigen.

Das setzt voraus, dass der Anwendungsbereich von § 2048 S. 1 BGB die Befugnis des Erblassers umfasst, dem betreffenden Miterben eine Zahlungspflicht in Höhe des überquotalen Mehrwerts aus seinem Privatvermögen

504 BGH, Urteil vom 28.01.1987 – IVa ZR 191/85, BeckRS 2010, 27947 Rn. 13.
505 *Lange/Horn*, ZEV 2021, 1, 6.

aufzuerlegen. Der Wortlaut des § 2048 S. 1 BGB ermöglicht dem Erblasser ausdrücklich, durch letztwillige Verfügung Anordnungen für die Auseinandersetzungen zu treffen. Insoweit ließe sich anhand des offenen Wortlauts vertreten, dass diese Anordnungen auch solche sein können, die außerhalb des unmittelbar vorliegenden Nachlasses liegen. Entsprechend hat auch die Rechtsprechung in der Vergangenheit argumentiert, dass der von der überquotalen Teilungsanordnung betroffene Miterbe regelmäßig bereit sein wird, eine entsprechende Ausgleichszahlung zu leisten, und insoweit auf die schuldrechtliche Verpflichtungswirkung einer Teilungsanordnung hingewiesen.[506] Mithin wurde die sachliche Befugnis des Erblassers zu einer entsprechenden Anordnung ohne weitere Begründung vorausgesetzt.

Andererseits gilt es zu berücksichtigten, dass solch eine Anordnung auch dem Normzweck des § 2048 S. 1 BGB gerecht werden müsste. § 2048 S. 1 BGB dient, wie im Grundlagenteil dieser Arbeit dargelegt,[507] der Testierfreiheit des Erblassers, deren Zweck es ist, das Recht des Erblassers, sein Vermögen zu vererben, zu schützen. § 2048 S. 1 BGB ermöglicht also nur, dass der Erblasser sein vorhandenes Vermögen gegenständlich verteilt. Durch die Testierfreiheit soll der sachliche Schutzbereich des Art. 14 I GG verwirklicht werden, namentlich dem Erblasser ermöglicht werden, sein Eigentum zu vererben. Die Testierfreiheit des Erblassers kann aber schon begrifflich nicht umfassen, einen von ihm bedachten Erben per Teilungsanordnung zu einer Zahlung zu verpflichten, die er aus seinem (fremden) Privatvermögen zu leisten hat. Vor diesem Hintergrund erscheint es bereits aus teleologischer Sicht unangebracht, dem Erblasser die Auferlegung einer Zahlungspflicht per Teilungsanordnung gem. § 2048 S. 1 BGB zu ermöglichen.

Soweit also mit der schuldrechtlichen Verpflichtungswirkung der Teilungsanordnung argumentiert wird, wird verkannt, dass die sog. „überquotale Teilungsanordnung" hinsichtlich ihres überschießenden Teils, d. h. dem Differenzwert zwischen wertmäßiger Erbquote und zugewandtem Gegenstand, überhaupt nicht vom sachlichen Anwendungsbereich der Teilungsanordnung gem. § 2048 S. 1 BGB erfasst wird. Wenn aber die Teilungsanordnung als solche dem Erblasser nicht erlaubt, nachlassübergreifend einen Miterben zu verpflichten, so kann die schuldrechtliche Wirkung der Teilungsanordnung keine Begründung für einen entsprechenden Ausgleichsanspruch darstellen.

---

506 BGH, Urteil vom 28.01.1987 – IVa ZR 191/85, BeckRS 2010, 27947 Rn. 13; in der Literatur ebenso: *Lange/Horn*, ZEV 2021, 1, 6.

507 Vgl. 2. Kapitel II 2. b.

b. Vergleich zur Auflage

Zum Teil wird der hier vertretenen Auffassung entgegnet, dass dem Erbrecht eine über den Nachlass hinausgehende Verpflichtung keineswegs unbekannt sei, so. z. B. im Recht der Auflage.[508] Der Vergleich zur Auflage kann allerdings nur gelingen, wenn der Erblasser mittels Auflage tatsächlich eine vergleichbare Belastung für einen Miterben begründen könnte.

Bereits im Ansatzpunkt unterscheidet sich die Ausgleichspflicht im Rahmen einer etwaigen Teilungsanordnung von der Auflage erheblich. Bei der Frage, ob der Miterbe mittels Teilungsanordnung zur Zahlung des Ausgleichs aus seinem Privatvermögen verpflichtet werden kann, geht es um ein echtes, einklagbares Forderungsrecht. Das ist ein wesentlicher Unterschied zur Auflage. Denn die Auflage begründet grundsätzlich kein Leistungsrecht der begünstigten Person, was sich ausdrücklich aus § 1940 BGB ergibt.

Zwar sieht das Gesetz in § 2194 S. 1 BGB für bestimmte Vollziehungsberechtigte einen klagbaren Anspruch auf Vollziehung der Auflage vor, ein Leistungsrecht hat der Gesetzgeber für die Auflage jedoch ausdrücklich nicht normiert. Wegen des klagbaren Vollziehungsanspruchs ließe sich jedoch vertreten, dass die Regelungen der Auflage für die Begründung einer Ausgleichspflicht im Rahmen der überquotalen Teilungsanordnung herangezogen werden können. Das setzt jedoch voraus, dass ein Miterbe auch tatsächlich die Vollziehung einer ihn begünstigenden Auflage verlangen kann. Ausweislich des Wortlauts zählt grundsätzlich auch der Miterbe zu den Vollziehungsberechtigten.

Ob ein Miterbe jedoch im Falle dessen, dass dieser durch eine Auflage begünstigt wird, entsprechend dem Wortlaut des Gesetzes nach § 2194 S. 1 BGB den Vollzug der Auflage verlangen kann, ist umstritten. Es wird vertreten, dass auch der begünstigte Miterbe gem. § 2194 S. 1 BGB die Vollziehung der Auflage auch in diesem Fall verlangen kann.[509] Begründend wird angeführt, es läge insbesondere kein Widerspruch zu § 1940 BGB vor, da die Anspruchsberechtigung nicht aus der Auflage, sondern aus der Stellung als Vollziehungsberechtigter gem. § 2194 S. 1 BGB folge.[510] Zudem sei Zweck des Klagerechts nach

---

508 *Lange/Horn*, ZEV 2021, 1, 6.

509 OLG Karlsruhe, Urteil vom 07.05.2004 – 14 U 103/02, NJW-RR 2004, 1307, 1308; BeckOGK BGB/*Grädler*, Stand: 01.12.2023, § 2194 Rn. 13; BeckOK BGB/*Müller-Christmann*, 68. Edition, Stand: 01.08.2023, § 2194 Rn. 3; Burandt/Rojahn/*Burandt*, § 2194 Rn. 2; Jauernig/*Stürner*, § 2194 Rn. 2; MüKo BGB/*Rudy*, § 2194 Rn. 3; Schulze/*Thomas Hoeren*, 2194 Rn. 6; Staudinger/*Otte*, § 2150 Rn. 9.

510 BeckOGK BGB/*Grädler*, a. a. O.

§ 2194 S. 1 BGB, die Durchsetzung der Verpflichtung des Beschwerten sicherzustellen, welcher auch zu achten sei, wenn die Auflage den Miterben zugleich begünstigt.[511] Eine andere Beurteilung würde dazu führen, dass dem Fehlen des Erfüllungsanspruchs, wie es § 1940 BGB vorsieht, größeres Gewicht beigemessen wird als dem Willen des Erblassers.[512]

Andere halten eine Vollzugsberechtigung des begünstigten Miterben in diesem Fall für ausgeschlossen,[513] da niemand als Richter in eigener Sache tätig werden dürfe.[514] Zudem würde andernfalls über den Umweg des Vollziehungsrechts ein Klagerecht geschaffen, das in § 2194 BGB nicht vorgesehen ist.[515]

Zunächst gilt es diesbezüglich festzuhalten, dass es für eine Auflage nach § 1940 BGB gerade typisch ist, dass der begünstigten Person kein Leistungsanspruch zusteht. Diese gesetzgeberische Intention würde umgangen werden, wenn über die Vollziehungsberechtigung des § 2194 S. 1 BGB ein äquivalenter Leistungsanspruch kreiert werden würde. Soweit darauf abgestellt wird, dass ein Widerspruch zu § 1940 BGB nicht existiere, da die Vollziehungsberechtigung das Forderungsrecht begründe, überzeugt dies aus dem letztgenannten Grund nicht: Entscheidend ist, dass sich der Gesetzgeber dazu entschieden hat, dem durch die Auflage Begünstigten kein Leistungsrecht zuzusprechen. De facto wird diese gesetzgeberische Intention missachtet, wenn dem begünstigten Miterben dann über § 2194 BGB ein Leistungsrecht zugestanden wird. Denn unabhängig davon, ob das Gesetz einem Miterben grundsätzlich eine Vollziehungsberechtigung zuweist, ist es gerade das Wesen der Auflage, dass diese kein Leistungsrecht des Begünstigten vorsieht.

Ungeachtet dessen, muss sich diese Argumentation auch entgegenhalten lassen, dass die Ablehnung eines Widerspruchs zu § 1940 BGB, mit dem Argument, die Vollziehberechtigung führe zu einem entsprechenden Forderungsrecht, gekünstelt erscheint. Denn an der Missachtung der gesetzgeberischen Intention ändert dies dem Grunde nach nichts.

---

511 BeckOK BGB/*Müller-Christmann,* 68. Edition, Stand: 01.08.2023, § 2194 Rn. 3.

512 Staudinger/*Otte,* § 2150 Rn. 9.

513 BGH, Urteil vom 08.05.1952 – IV ZR 220/51 (unveröffentlicht); *Ebenroth,* ErbR, Rn. 508; *Lange/Kuchinke,* § 30 III 3 Fn. 68; *Mayer,* ZEV 2004, 331, 333; *Muscheler,* Rn. 2681; Nieder/Kössinger/*R. Kössinger,* § 9 Rn. 121; RGRK-BGB/*Johannsen,* § 2194 Rn. 4, Soergel/*Dieckmann,* 13. Aufl., § 2194 Rn. 7; Soergel/*Magnus,* 14. Aufl., § 2194, Rn. 7; *Vorwerk,* ZEV 1998, 297 f.; offen gelassen von Grüneberg/*Weidlich* § 2194 Rn. 2.

514 *Mayer,* a. a. O.

515 RGRK-BGB/*Johannsen,* a. a. O.

Entsprechendes vertrat der BGH bereits in einer früheren Entscheidung.[516] Nach zutreffender Ansicht der Rechtsprechung ist das Wesen der Auflage im Vergleich zum Vermächtnis gerade damit zu begründen, dass dem Begünstigten kein klagbarer Anspruch zustehen soll.[517] Bereits deswegen erscheint der Vergleich zur Auflage verfehlt. Denn auch mittels Auflage wäre es dem Erblasser nicht möglich, eine vergleichbare Ausgleichspflicht des Miterben zu begründen, die den begünstigten Miterben ein Forderungsrecht einräumt.

Im Übrigen würde sich das Vollziehungsrecht auch grundlegend ändern: Der Gesetzgeber wollte mit § 2194 BGB sicherstellen, dass eine auf einen Dritten zielende Begünstigung, die von diesem selbst nicht eingeklagt werden kann, jedenfalls durch die in § 2194 BGB genannten Personen vollzogen werden kann.[518] Dass es sich bei der Auflage grundsätzlich um eine auf Drittinteressen gerichtete Verfügung handelt, ergibt sich bereits aus den Materialien zur Gesetzesentstehung bis zum 1. Januar 1900. Den Motiven der ersten Kommission ist zu entnehmen, dass den Berechtigten lediglich eine Vollziehungsberechtigung zugesprochen wird, *„da die Leistung aus der Auflage für sie ohne unmittelbares vermögensrechtliches Interesse ist“*.[519] Die auf fremde Interessen gerichtete Vollziehungsmöglichkeit würde bei Annahme einer Vollziehungsberechtigung des begünstigten Miterben zu einem im eigenen Interesse des Miterben möglichen Forderungsrecht führen.[520] Letzteres wird regelmäßig nicht dem Willen des Erblassers entsprechen, der wegen § 1940 BGB gerade von einem fehlenden Forderungsrecht des Miterben ausgeht.

Der Umstand, dass sich der Erblasser in Kenntnis des fehlenden Leistungsrechts des Begünstigten für eine Auflage entschieden hat, spricht auch gerade dafür, die Verringerung der potenziell Vollziehungsberechtigten hinzunehmen. So zeigt dies, dass es dem Erblasser zumindest nicht primär auf die Einklagbarkeit angekommen ist, da er sich andernfalls im Rahmen seiner letztwilligen Verfügung für ein Vermächtnis entschieden hätte.[521]

---

516 BGH, Urteil vom 08.05.1952 – IV ZR 220/51, (unveröffentlicht).

517 Ebd.

518 Ebd.

519 Motive V, S. 214 ff., zit. nach *Horn*, Materialienkommentar Erbrecht, S. 797 Rn. 1.

520 BGH, Urteil vom 08.05.1952 – IV ZR 220/51, (unveröffentlicht).

521 Insoweit ist der Einwand Staudinger/*Otte*, § 2150 Rn. 9, dass der Erblasserwille mangels vollziehungsberechtigter Personen nicht gewahrt wird, unzutreffend. Das hat *Muscheler*, Rn. 2682 bereits festgestellt.

Würde man dem begünstigten Miterben auch ein Vollziehungsrecht zusprechen, wäre das entscheidende Abgrenzungskriterium zu einem Vermächtnis ebenfalls nicht mehr vorhanden.[522]

Letztlich handelt es sich bei einer Teilungsanordnung um eine Verfügung sui generis.[523] Schon aus den Motiven der 1. Kommission zu § 2152 BGB a. F. ist zu entnehmen, dass eine Teilungsanordnung *„nicht in den Bereich der Vermächtnisse und Auflagen fällt"*.[524] Vor diesem Hintergrund ist ohnehin nicht ersichtlich, wieso die für die Auflage oder das Vermächtnis geltenden Rechtssätze ohne weiteres übertragbar sein sollen.

c. *Vergleich zu den Regelungen des Vermächtnisses*

Gleichermaßen wurde eine Ausgleichspflicht unter anderem damit begründet, dass auch mittels eines Vermächtnisses Gegenstände vermacht werden können, die außerhalb des Nachlasses liegen.[525] Soweit vorgetragen wird, dass auch im Rahmen der Vermächtnisregelungen eine Verpflichtung außerhalb des dem Beschwerten Zugewandten gem. §§ 2169, 2170 BGB normiert werden kann, so wird hierbei mit einer Ausnahmeregelung argumentiert, die nicht ohne weiteres verallgemeinert werden kann. Richtig ist, dass der Erblasser gem. §§ 2169 I, 2170 BGB die Möglichkeit hat, einem Dritten ein sog. Verschaffungsvermächtnis zukommen zu lassen. Für den Fall, dass der vermachte Gegenstand zur Zeit des Erbfalles jedoch nicht zur Erbschaft gehört – der Erblasser aber gleichwohl den Willen hat, den diesbezüglichen Gegenstand zu vermachen – bestimmt § 2170 I BGB, dass der Beschwerte dem Bedachten den Gegenstand zu verschaffen hat. Ist der Beschwerte zur Verschaffung des Gegenstandes außerstande, sieht das Gesetz in § 2170 II 1 BGB einen entsprechenden Wertersatzanspruch vor, welcher ebenfalls ein Vermächtnisanspruch ist.[526] § 2169 I BGB ist der Grundsatz zu entnehmen, dass ein Erblasser nur die Gegenstände im Rahmen eines Vermächtnisses vermachen will, die zum Zeitpunkt des Erbfalls zum Nachlass gehören. Nur im Ausnahmefall und nur dann, wenn der Erblasser einen qualifizierten Zuwendungswillen geäußert hat,[527] kann ein Verschaffungsvermächtnis angenommen werden. Die

---

522 I. E. ebenso *Muscheler,* Rn. 2681.

523 Damrau/Tanck/*Rißmann*, § 2048 Rn. 17; *Lange*, ErbR, § 31 Rn. 10.

524 Motive V, S. 688, zit. nach *Horn*, Materialienkommentar Erbrecht, S. 396 Rn. 2.

525 *Lange/Horn,* ZEV, 2021, 1, 6; *Schlinker,* JR 2010, 93, 96.

526 BeckOGK BGB/*Schellenberger,* Stand: 01.10.2023, § 2170 Rn. 16.

527 Nieder/Kössinger/*Kössinger,* § 9 Rn. 61.

gesetzgeberische Intention, die im Grundsatz davon ausgeht, dass gerade nicht über das vorhandene Nachlassvermögen hinaus testiert werden kann, spricht folglich gegen eine Verallgemeinerung einer Belastungsmöglichkeit außerhalb des Nachlasses. So erscheint die Ausführung im Rahmen der Teilungsanordnung, eine Ausgleichspflicht entstehe automatisch mit der Zuweisung des (überquotal begünstigenden) Nachlassgegenstandes,[528] problematisch, da der sonst im Vermächtnisrecht vorherrschende qualifizierte Begünstigungswille generalisierend unterstellt und somit die gesetzliche Ausnahme zum Regelfall erklärt werden würde.

Gegen eine entsprechende Anwendung der Normen über das Verschaffungsvermächtnis lässt sich auch einwenden, dass die Ausgangslage im Falle einer überquotalen Teilungsanordnung und im Falle eines Verschaffungsvermächtnisses eine andere ist. Bei der überquotalen Teilungsanordnung ist es in der Regel so, dass dem Erbe ein einzelner Nachlassgegenstand zugewandt wird, der wertmäßig bereits über dem quotalen Erbteil liegt. Bei Annahme einer Ausgleichspflicht wäre der Erbe – sofern er nicht anderweitig über liquide Mittel verfügt – zum Verkauf des zugewandten Gegenstandes gezwungen. Ohnehin stünde ihm diese Möglichkeit zur Beschaffung von Liquidität aber erst dann zur Verfügung, wenn er den diesbezüglichen Nachlassgegenstand bereits von der Erbengemeinschaft übertragen bekommen hat. Regelmäßig hat der Miterbe jedoch gerade keinen Anspruch auf eine Teilauseinandersetzung, sodass er auf das Einvernehmen seiner Miterben angewiesen wäre. Soweit man, wie teilweise vertreten, die Fälligkeit der Ausgleichszahlung auf den Zeitpunkt des Eingangs des Veräußerungserlöses hinausschiebt,[529] ergibt sich diese Problematik zwar nicht. Dem ist jedoch entgegenzuhalten, dass das Hinausschieben der Ausgleichszahlung keine gesetzliche Grundlage hat. Soweit man vertritt, die Ausgleichsverpflichtung des Miterben ergebe sich direkt aus der Teilungsanordnung, so ist diese nach den gesetzlichen Regelungen im Rahmen der Aufstellung des Auseinandersetzungsvertrags zu berücksichtigen, aus dem sich sodann der Anspruch des jeweiligen Miterben ergibt. Auf welcher Rechtsgrundlage es hier zu einer späteren Fälligkeit der Ausgleichszahlung kommen soll, erschließt sich nicht.

Ungeachtet dieser Tatsache widerspricht dieses Ergebnis regelmäßig dem erklärten Willen des Erblassers. Diesbezüglich wurde bereits dargelegt, dass die Teilungsanordnung eine gegenständliche Verteilung des Nachlasses

528 So aber *Lange/Horn*, ZEV 2021, 1, 6.

529 So *Schlinker*, JR 2010, 93, 95.

im Sinne des Erblassers sicherstellen soll. Ordnet der Erblasser an, dass ein bestimmter Nachlassgegenstand einem seiner Miterben zustehen soll, so wird er dies regelmäßig tun, weil es ihm gerade darauf ankommt, dass dieser bestimmte Nachlassgegenstand dem von der Teilungsanordnung bestimmten Miterben zukommt. Würde man nunmehr zu dem Ergebnis gelangen, im Falle einer überquotalen Beteiligung bestehe ein Anspruch des Miterben auf vorherige Übertragung des Nachlassgegenstandes zwecks Veräußerung, so würde man das grundsätzliche Ziel einer Teilungsanordnung, nämlich die Einflussnahme des Erblassers auf die gegenständliche Verteilung seines Nachlasses, völlig unberücksichtigt lassen. Konkret wird man sich fragen müssen, welchen Sinn solch eine Teilungsanordnung überhaupt hat, wenn letztlich darauf verwiesen wird, dass der betreffende Nachlassgegenstand einfach veräußert werden könnte. Dem Willen des Erblassers wird das regelmäßig jedenfalls nicht entsprechen.

Gleichwohl ist die Lage – wie bereits erwähnt – bei einem Verschaffungsvermächtnis im Vergleich zu einer Teilungsanordnung oftmals eine andere: Hier wird der Erbe, der an einem differenzierten Nachlass beteiligt ist, zur Verschaffung eines dem Nachlass nicht zugehörigen Gegenstandes verpflichtet. Zur Erfüllung dieses Vermächtnisses stehen dem Erben in der Regel Nachlassmittel zur Verfügung, d. h. er ist grundsätzlich nicht – wie im Falle einer überquotalen Teilungsanordnung – zur Veräußerung des ihm zugewandten Nachlasses gezwungen und erst recht nicht zur Zahlung aus seinem Privatvermögen. Auch wenn im Falle des Verschaffungsvermächtnisses der zu beschaffende Gegenstand nicht zum Nachlass gehört, ergibt sich der erforderliche Bezug zum Nachlassvermögen daraus, dass die Beschaffung des vermachten Gegenstandes mit Nachlassmitteln erfolgen muss.[530] Insofern kann gerade nicht davon ausgegangen werden, dass das Verschaffungsvermächtnis die Annahme einer Ausgleichspflicht im Rahmen der überquotalen Teilungsanordnung rechtfertigt. Jedenfalls bleibt festzuhalten, dass die Ausgangslage bei einer überquotalen Teilungsanordnung und einem Verschaffungsvermächtnis keinesfalls ähnlich sein muss, sodass es sich verbietet, hieraus einen zu verallgemeinernden Rechtsgedanken zu ziehen.

Letztlich gilt es auch zu berücksichtigen, dass sich eine mögliche Haftungsbeschränkung des Miterben bei einem Verschaffungsvermächtnis anders darstellt als bei der hiesigen Fallgestaltung der überquotalen Teilungsanordnung. Zwar kann einem Miterben mittels Verschaffungsvermächtnis die Pflicht auferlegt

530 MüKo BGB/*Leipold*, § 1939 Rn. 14.

werden, einen nachlassfremden Gegenstand zu besorgen. Bis zur Teilung des Nachlasses steht diesem jedoch § 2059 I 1 BGB zur Seite. Hiernach kann jeder Miterbe die Berichtigung der Nachlassverbindlichkeiten aus dem Vermögen, das er außer seinem Anteil an dem Nachlass hat, verweigern. Sinn und Zweck der Vorschrift ist es, den jeweiligen Erben so lange vor einer Haftung mit seinem Privatvermögen zu schützen, bis es zur Teilung des Nachlasses unter den Miterben gekommen ist. Hintergrund ist, dass der jeweilige Miterbe wegen der gesamthänderischen Gebundenheit nicht allein über die vorhandenen Nachlassgegenstände verfügen kann.[531] § 2059 I 1 BGB ist dabei auch anwendbar, wenn es sich bei der Verbindlichkeit um eine gegenüber einem Gläubiger bestehende Erbteilverbindlichkeit handelt.[532] Eine Erbteilverbindlichkeit zeichnet sich dadurch aus, dass nicht alle, sondern nur ein einzelner oder mehrere Miterben mit einer Verbindlichkeit beschwert sind, z. B. einem Vermächtnis.[533] Zu berücksichtigen ist dabei, dass § 2059 I 1 BGB auch gilt, wenn ein Miterbe Nachlassgläubiger ist.[534] In diesem Fall können die in Anspruch genommenen Miterben gem. § 2059 I 1 BGB eine Haftung aus ihrem Eigenvermögen verhindern.[535]

Mittels § 2059 I 1 BGB ist folglich sichergestellt, dass der beschwerte Miterbe vor der endgültigen Teilung des Nachlasses nicht mit seinem Privatvermögen in Anspruch genommen wird. Anders würde sich die Sachlage bei der überquotalen Teilungsanordnung darstellen, würde man annehmen, eine Teilungsanordnung führe zu einer entsprechenden Ausgleichspflicht. Der Miterbe wäre hierbei schon vor Teilung des Nachlasses zu einer tatsächlichen Ausgleichspflicht aus seinem Privatvermögen gezwungen, da nur im Falle der vorherigen Hinzuzahlung in den Nachlass eine den Erbquoten entsprechende Verteilung des Nachlasses möglich wäre. Diese Haftung mit dem Privatvermögen hätte der mit einem Vermächtnis beschwerte Miterbe gerade nicht zu fürchten, da er insoweit die Haftung bis zur Teilung des Nachlasses über die Einrede des § 2059 I 1 BGB vermeiden könnte. Entscheidend ist also nicht, dass es dem Erblasser mittels eines Verschaffungsvermächtnisses möglich ist, den Miterben zu etwas zu verpflichten, das außerhalb des ihm Zugewandten liegt.[536] Ausschlaggebend ist vielmehr, dass das Gesetz auch für diesen Fall die Möglichkeit einer

---

531 BeckOGK BGB/*Strobel*, Stand: 01.10.2023, § 2059 Rn. 11.
532 MüKo BGB/*Fest*, § 2058 Rn. 17.
533 MüKo BGB/*Fest*, a. a. O.
534 BeckOGK BGB/*Strobel*, Stand: 01.10.2023, § 2058 Rn. 17.
535 Ebd.
536 So aber *Lange/Horn*, ZEV 2021, 1, 6.

Haftungsbeschränkung auf den Nachlass vorsieht und dem Miterben vor der Teilung keine uneingeschränkte Haftung zugemutet wird. Das wäre im hiesigen Fall der überquotalen Teilungsanordnung entscheidend anders:

Die Annahme einer Ausgleichspflicht würde dazu führen, dass der Miterbe zur Vermeidung eines über den Nachlass hinausgehenden Haftungsumfangs vor Teilung nur die Möglichkeit hätte, die Erbschaft auszuschlagen. Ihm stünde gerade nicht die Möglichkeit zur Verfügung, durch Erhebung der Einrede des § 2059 I 1 BGB die Haftung auf den Nachlass zu beschränken. Auch dieser Umstand zeigt somit, dass der Vergleich zu den Regelungen des Vermächtnisses nicht gelingt. Bei einem Vermächtnis steht dem beschwerten Erben nämlich die Möglichkeit offen, die Haftung auf den Nachlass zu beschränken, ohne sich in Gänze seiner Erbenstellung zu entledigen. Diese Möglichkeit hätte der Erbe, dem mittels überquotaler Teilungsanordnung eine Ausgleichspflicht auferlegt wird, gerade nicht.

d. Beschluss des Bundesgerichtshofs vom 25. Oktober 1995

Zur Begründung einer Ausgleichspflicht wird weiter ausgeführt, der Beschluss des Bundesgerichts vom 25. Oktober 1995 sage nichts darüber, dass der Ausgleich im Rahmen der überquotalen Teilungsanordnung stets auf freiwilliger Basis erfolgen müsse.[537] Wenngleich ein Urteil des Bundesgerichtshofes als solches ohnehin nicht als tragendes Argument für oder gegen eine Ausgleichspflicht angeführt werden kann, ist das diesbezügliche Verständnis des Urteils aber auch unzutreffend. Die Autoren des Beitrags weisen selbst darauf hin, dass nach Ansicht des Bundesgerichtshofs eine freiwillige Leistung zur Ausgleichszahlung „*Voraussetzung dafür [sei], daß die Teilungsanordnung im Rahmen einer gem. § 2042 BGB vorzunehmenden Auseinandersetzung verwirklicht werden kann*“.[538] In dem entscheidenden Beschluss nimmt der Bundesgerichtshof bei der Begründung seiner Entscheidung auf zwei ältere Literaturstellen Bezug.[539] Aus dem ersten Beitrag ergibt sich ausdrücklich, dass eine Teilungsanordnung, die eine Ausgleichspflicht eines Miterben enthält, unbeachtlich ist, wenn der

---

537 *Lange/Horn*, ZEV 2021, 1, 6.

538 So *Lange/Horn*, ZEV 2021, 1, 6, die insoweit den Wortlaut des Beschlusses des Bundesgerichtshofes vom 25.10.1995 – IV ZR 362/94, NJW-RR, 1996, 577, 577 übernehmen.

539 Beschluss des Bundesgerichtshofes vom 25.10.1995 – IV ZR 362/94, NJW-RR, 1996, 577, 577.

von der Ausgleichung betroffene Miterbe zur Ausgleichung nicht bereit ist.[540] Dort heißt es wörtlich:

> „[…] *Solche Teilungsanordnungen können dazu nötigen, bei der Erbauseinandersetzung einen Wertausgleich vorzunehmen, damit das Wert- und Beteiligungsverhältnis ungestört bleibt. Das kann und muß u. U. dadurch geschehen, daß der Empfänger des in der Anordnung bezeichneten Gegenstandes aus seinem Privatvermögen einen Wertausgleich an den Nachlaß zahlt. Auch der Erblasser kann ihm dies auferlegen.* ***Die bloße Teilungsanordnung ist unbeachtlich, wenn er dazu nicht bereit ist und der Ausgleich ohne dem nicht vorgenommen werden kann.*** […]“[541] [Hervorhebung durch den Verfasser]

Nichts anderes ergibt sich aus der von dem Bundesgerichtshof zitierten Fundstelle in der Kommentarliteratur, die festhält, dass der Erblasser den Miterben nicht gegen seinen Willen mit seinem Privatvermögen verpflichten kann.[542] Hier heißt es:

> „[…] *War die Begünstigung eines Miterben durch die Zuweisung eines den Wert des Erbteils übersteigenden Gegenstandes nicht gewollt, so hat dieser den Mehrwert gegenüber den anderen Miterben auszugleichen.[…]* ***Kann dies nicht unter Aufrechterhaltung der Teilungsanordnung im Rahmen der Nachlaßauseinandersetzung geschehen und ist der betreffende Miterbe auch nicht bereit, den Mehrwert aus seinem eigenen Vermögen zu begleichen, so ist die Teilungsanordnung insoweit unbeachtlich, […] als sie ohne Ausgleich vom Begünstigten nicht erzwungen werden kann.*** […]“[543] [Hervorhebung durch den Verfasser]

Die Schlussfolgerung, der Bundesgerichtshof habe nicht festlegen wollen, dass die Durchführung der Ausgleichspflicht von dem Einverständnis des Miterben abhängt, sondern er vielmehr nur auf die Bereitschaft des Beklagten zur Ausgleichszahlung Bezug nehmen wollte,[544] ist insoweit unzutreffend. So hat sich der erkennende Senat im Rahmen seiner Ausführungen ausdrücklich auf die beiden benannten Fundstellen bezogen, aus denen unzweifelhaft mit der herrschenden Meinung hervorgeht, dass eine Ausgleichspflicht aus dem Privatvermögen mittels Teilungsanordnung nicht angeordnet werden kann, sondern die Durchführung vielmehr von der Bereitschaft des Miterben zur freiwilligen Ausgleichszahlung abhängt.

---

540 *Johannsen,* WM Sonderbeilage Nr. 1 1985, 3, 8.

541 *Johannsen,* a. a. O.

542 MüKo BGB/*Dütz,* 2. Auflage, § 2048 Rn. 16.

543 MüKo BGB/*Dütz,* a. a. O.

544 So interpretieren *Lange/Horn,* ZEV 2021, 1, 6 die Ausführungen des Bundesgerichtshofes in dem benannten Beschluss.

e. Gleichbehandlungswille des Erblassers

Auch die weiter vorgetragenen Argumente, der Erblasser habe die Zuweisung eines Nachlassgegenstandes bei wirtschaftlicher Gleichbehandlung beabsichtigt[545] bzw. der Wille des Erblassers sei insoweit wegen der Anerkennung letztwilliger Verfügungen durch das BGB entsprechend zu achten,[546] kann eine Ausgleichspflicht ebenso wenig begründen, da auch der Wille des Erblassers nicht grenzenlos zu beachten ist. Vielmehr hat die Verwirklichung des Willens des Erblassers unter dem Vorbehalt zu erfolgen, dass dieser in dem vom Gesetz gegebenen Rahmen erklärt wurde. Bereits dem Grunde nach wurde dargelegt, dass die einfachgesetzliche Ausprägung der Testierfreiheit i. S. d. § 2048 S. 1 BGB in ihrem sachlichen Anwendungsbereich der Annahme einer Ausgleichspflicht mittels Teilungsanordnung entgegensteht. Hierüber können – wie gezeigt – auch nicht Vergleiche zum Recht der Auflage oder des Vermächtnisses hinweghelfen. Diese Gesichtspunkte rechtfertigen insoweit eine Ausgleichspflicht des Miterben aus seinem Privatvermögen ebenso wenig.

f. Bestätigung des gefundenen Ergebnisses

Die Ablehnung der Ausgleichspflicht ist auch im Hinblick auf den Grundsatz der Privatautonomie (dazu aa.) und dem Gesamtkonzept der Auseinandersetzung gem. §§ 2042 ff. BGB (dazu bb.) abzulehnen.

aa. Unvereinbarkeit mit dem Grundsatz der Privatautonomie

Auch der Grundsatz der Privatautonomie legt nahe, dass eine Ausgleichspflicht des Erblassers in Gestalt einer Teilungsanordnung nicht anzuerkennen ist. Hierunter versteht man die in der Rechtsordnung anerkannte Freiheit des Einzelnen, die für ihn gewollten Lebensverhältnisse mittels eigener Regelungen zu treffen, was insbesondere durch die in dem Grundsatz der Privatautonomie anerkannte Vertragsfreiheit gewährleistet wird.[547] Seine verfassungsmäßige Grundlage hat die Vertragsfreiheit in Art. 2 I GG.[548] Die Vertragsfreiheit umfasst das Recht des Einzelnen, Verträge so abzuschließen, wie es seinem Willen entspricht.[549] Sie verbietet eine Auslegung rechtsgeschäftlicher Erklärungen

---

545 Horn/Kroiß/*Horn*, § 10 Rn. 25.

546 *Schlinker*, JR 2010, 93, 95.

547 *Brox*, BGB AT, § 2 Rn. 5.

548 St. Rspr. des BVerfG, Urteil vom 03.04.2001 – 1 BvR 2014/95, NJW 2001, 1709, 1709.

549 BVerfG, Urteil vom 08.04.1997 – 1 BvR 48/94, BVerfGE 95, 267, 322 Rn. 142, zitiert nach *juris*.

in dem Sinne, die zu einer Verpflichtung eines Rechtssubjekts aus einer Vereinbarung anderer Parteien herrührt, soweit für die Verpflichtung kein legitimierender Rechtsgrund besteht (sog. „Verbot der Verträge zu Lasten Dritter").[550] Ein Vertrag zu Lasten Dritter ist mit dem Grundsatz der Privatautonomie nicht zu vereinbaren und deshalb im BGB nicht vorgesehen.[551]

Zwar handelt es sich bei einer Teilungsanordnung um keinen Vertrag, sondern um ein Rechtsgeschäft eigener Art.[552] Dieses ist aufgrund der schuldrechtlichen Wirkung jedoch mit der Wirkung einer vertraglichen Verpflichtung vergleichbar. Denn eine Teilungsanordnung führt dazu, dass ein Miterbe notfalls gegen den Willen der anderen Miterben einen Auseinandersetzungsvertrag verlangen kann, der die von dem Erblasser erfasste Teilungsanordnung beinhaltet. Bei diesem Auseinandersetzungsvertrag handelt es sich aber gerade um einen echten Vertrag.[553] Insofern kann der hinter dem Verbot zu Lasten Dritter stehende Gedanke auch für die hiesige Fallgestaltung fruchtbar gemacht werden.[554] Ein Vertrag zu Lasten Dritter wird von der Rechtsordnung nicht anerkannt, da andernfalls in unzulässiger Weise in die Selbstbestimmung des Einzelnen im Rechtsleben des durch den Vertrag Verpflichtenden eingegriffen wird. Gleiches muss gelten, wenn ein Erblasser einen Miterben schuldrechtlich mittels Teilungsanordnung zur Zahlung aus seinem Privatvermögen verpflichten will. Es ist nicht einzusehen, dass dem Erblasser das Recht zugesprochen wird, über die wirtschaftliche Selbstbestimmung eines Miterben zu disponieren. Auch hier muss der Grundsatz gelten, dass die Testierfreiheit des Erblassers dort ihre Grenze findet, wo sie unzulässig in den Freiheitsbereich eines Miterben eingreift. Folglich überzeugt es auch aus diesem Grund, dass es

550 BVerfG, Beschluss vom 23.04.1986 – 2 BvR 487/80, BVerfGE 73, 261, 280, Rn. 31, zitiert nach *juris*.

551 BeckOK BGB/*Janoschek*, 68. Edition, Stand: 01.11.2023, § 328 Rn. 5; MüKo BGB/*Gottwald*, § 328 Rn. 263.

552 Damrau/Tanck/*Rißmann*, § 2048 Rn. 17; *Lange*, ErbR, § 31 Rn. 11.

553 Ganz h. M., vgl. BGH, Urteil vom 31.10.1962 – V ZR 24/61, NJW 1963, 345, 346; BeckOGK BGB/*Rißmann/Szalai*, Stand: 01.09.2023, § 2042 Rn. 23; BeckOK BGB/*Lohmann*, 68. Edition, Stand: 01.11.2023, § 2042 Rn. 10 ff.; Burandt/Rojahn/*Flechtner*, § 2042 Rn. 24 f.; Jauernig/*Stürner*, § 2042 Rn. 2; *Lange/Kuchinke*, § 44 III 3; Staudinger/*Löhnig*, § 2042 Rn. 13 ff.; a. A. *Eberl-Borges*, S. 94, die sich für die Qualifizierung als Beschluss ausspricht.

554 I. E. ähnlich, jedoch in der Begründung ungenau BeckOGK BGB/*Rißmann/Szalai*, Stand: 01.09.2023, § 2048 Rn. 39.1, die eine Verfügung zu Lasten Dritter annehmen, da sich die Teilungsanordnung nicht mehr ausschließlich auf das Nachlassvermögen bezieht.

dem Erblasser mittels Teilungsanordnung nicht möglich ist, eine das Privatvermögen betreffende Ausgleichspflicht des Miterben zu begründen.

bb. *Gesamtkonzept der Auseinandersetzung gem. §§ 2042 ff. BGB*

Aber auch im Hinblick auf die Gesamtkonzeption der Erbauseinandersetzung gem. §§ 2042 ff. BGB ist die Anerkennung einer Ausgleichspflicht mittels Teilungsanordnung abzulehnen. Die Annahme einer Ausgleichspflicht des überquotal begünstigten Miterben würde regelmäßig dazu führen, dass das gesetzliche Leitbild, welches in § 2042 BGB von einer Auseinandersetzung des gesamten Nachlasses ausgeht,[555] in Teilauseinandersetzungen aufgesplittert wird. Das jedenfalls dann, wenn man wie vereinzelt vertreten wird, zur Vermeidung von Liquiditätsengpässen eine vorherige Übertragung des Nachlassgegenstandes zulässt, der zunächst in liquide Mittel umgesetzt werden müsste, um sodann die abschließende Ausgleichszahlung nebst Auszahlung an die Miterben vornehmen zu können. Entgegen dem eigentlichen Anspruchsinhalt aus § 2042 BGB, der den Miterben nur zu einer einmaligen Auseinandersetzung des gesamten Nachlasses verpflichtet, wäre der Miterbe zur Mitwirkung von Teilauseinandersetzungen gezwungen.

Auch vor diesem Hintergrund ist insofern eine Ausgleichspflicht aus dem Privatvermögen des Miterben abzulehnen.

V. Rechtsfolge einer überquotalen Teilungsanordnung

Nachdem nunmehr geklärt ist, dass ein Erblasser mittels Teilungsanordnung einen Miterben nicht zu einer Ausgleichszahlung aus seinem Privatvermögen verpflichten kann, stellt sich die Frage, wie mit einer Teilungsanordnung, die eine entsprechende Ausgleichspflicht des Miterben beinhaltet, zu verfahren ist.

1. Meinungsstand

Weit überwiegend wird vertreten, die Zahlungsverweigerung des Miterben führe zu einem ersatzlosen Entfallen der Teilungsanordnung.[556] Folge dessen ist, dass die gesetzlichen Regelungen zur Auseinandersetzung zur Anwendung

---

555 BGH, Urteil vom 14.03.1984 – IVa ZR 87/82, NJW 1985, 51, 52.

556 BeckOGK BGB/*Rißmann/Szalai*, Stand: 01.09.2023, § 2048 Rn. 39; Burandt/Rojahn/*Flechtner*, § 2048 Rn. 24; Erman/*Bayer*, § 2048 Rn. 6; Frieser/*Tschichoflos*, § 2048 Rn. 18; MüKo BGB/*Fest*, § 2048 Rn. 19; NK-BGB/*Eberl-Borges*, § 2048 Rn. 12; Soergel/*Lettmaier*, 14. Aufl., § 2048 Rn. 14.

gelangen.[557] Vereinzelt wurde bereits auch schon eine ergänzende Testamentsauslegung angeführt, die u. U. zur Annahme eines Übernahmerechts führt.[558]

2. Stellungnahme

Eine Verfügung von Todes wegen ermöglicht dem Erblasser, die im Rahmen der zwingenden Gesetze eintretenden Rechtsfolgen mit seinem Tod frei und eigenverantwortlich zu bestimmen.[559] Vor diesem Hintergrund ist es von entscheidender Bedeutung, dass eine letztwillige Verfügung vor der Annahme einer Nichtigkeit einer letztwilligen Verfügung stets ausgelegt wird, um so der Testierfreiheit des Erblassers gerecht zu werden. Das Ziel einer jedweden Auslegung ist es dabei, den rechtlich wirksam erklärten Inhalt einer Verfügung von Todes wegen festzustellen.[560] Steht – wie in der hiesigen Untersuchung – allerdings fest, dass der Erblasser mittels Teilungsanordnung eine Ausgleichspflicht des bedachten Miterben statuieren wollte, hilft eine Auslegung der letztwilligen Verfügung nicht weiter. In diesem Fall ist der Wille des Erblassers weder unklar noch unvollständig.

Gleichwohl ist es jedoch zwingend nötig, dem Willen des Erblassers möglichst umfassend zur Geltung zu verhelfen, was es erforderlich macht, auch eine Umdeutung des erklärten Willens in Betracht zu ziehen. Anders als die Auslegung findet die Umdeutung weder bei einem unvollständigen noch bei einem unklaren Willen Anwendung.[561] Zweck der Umdeutung ist es vielmehr, den erklärten Willen auf sein eigentliches Ziel zu untersuchen und die gewollte, aber nicht geeignete rechtliche Gestaltung durch eine andere Gestaltung zu ersetzen.[562] Der Unterschied zur Auslegung liegt also darin begründet, dass der tatsächlich erklärte oder der durch die Auslegung ermittelte Wille einen rechtlichen Weg einschlagen wollte, der so nicht gangbar ist.[563] Gegenstand einer Umdeutung können dabei nicht nur Testamente und Erbverträge im Ganzen sein, sondern auch die einzelnen darin enthaltenen letztwilligen Verfügungen.[564]

557 MüKo BGB/*Fest*, § 2048 Rn. 19.

558 *Dieckmann*, FS Coing, S. 65, der in ergänzender Testamentsauslegung von einem Übernahmerecht ausgeht.

559 BeckOK BGB/*Litzenburger*, 68. Edition, Stand: 01.11.2023, § 2084 Rn. 1.

560 MüKo BGB/*Leipold*, § 2084 Rn. 1.

561 MüKo BGB/*Leipold*, § 2084 Rn. 140.

562 Ebd.

563 Ebd.

564 Horn/Kroiß/*Horn*, § 3 Rn. 4; MüKo BGB/*Leipold*, § 2084 Rn. 70.

Denkbar ist, dass es dem Erblasser insoweit einzig darauf ankommt, einen bestimmten Nachlassgegenstand einem Miterben zukommen zu lassen, der sodann den übrigen Miterben einen Ausgleich zu leisten hat. Hat der Erblasser dies mittels Teilungsanordnung verfügt, scheitert die Annahme einer Ausgleichspflicht zwingend daran, dass dem Erblasser diese Anordnungsbefugnis mit einer Teilungsanordnung nicht zusteht. Soweit dem Erblasser aber mittels anderer erbrechtlicher Gestaltungen die Möglichkeit offensteht, sein wirtschaftliches Ziel (Zuweisung des Gegenstandes unter Ausgleich der anderen Miterben) zu erreichen, so wäre jedenfalls eine diesbezügliche Umdeutung der überquotalen Teilungsanordnung in Betracht zu ziehen. Ob solche Gestaltungsmöglichkeiten für den Erblasser bestehen, wird im Weiteren zu untersuchen sein. Jedenfalls ist an dieser Stelle festzuhalten, dass die Annahme der Unbeachtlichkeit der Teilungsanordnung zu kurz gegriffen ist, da der Wille des Erblassers im Mindesten verlangt, dass eine Umdeutung seiner diesbezüglichen letztwilligen Verfügung in Betracht gezogen wird. Soweit der Erblasserwille solch eine Umdeutung nicht zulässt, weil er eben die in Betracht kommenden Alternativen bei Unterstellung seines hypothetischen Willens nicht verfügt hätte, so kann die Teilungsanordnung im Ergebnis unbeachtlich sein. Zwingend ist dieses Ergebnis jedoch nicht.

5. Kapitel: Alternative Gestaltungsmöglichkeiten des Erblassers

Letztlich überzeugt es aus den genannten Gründen, dass dem Erblasser tatsächlich keine Möglichkeit zur Verfügung steht, eine Ausgleichspflicht des Miterben mittels Teilungsanordnung zu begründen. Gleichwohl bedeutet dies nicht, dass dem Erblasser nicht im Einzelfall daran gelegen sein kann, einen Miterben zu einem entsprechenden Ausgleich zu bewegen. Vor diesem Hintergrund soll anhand eines typischen Beispielfalls dieses Regelungsbedürfnis des Erblassers aufgezeigt werden (dazu I.). Sodann soll der Frage nachgegangen werden, mittels welcher Gestaltungsmittel eine (zumindest vergleichbare) Ausgleichspflicht eines Miterben begründet werden kann (dazu II.).

I. Mögliche Gestaltungsziele

Hierzu möge folgendes Beispiel dienen:

> Ein Erblasser setzt seine beiden Kinder hälftig als Erben ein. In dem Nachlass ist unter anderem ein Grundstück enthalten. Für die Auseinandersetzung ordnet der Erblasser an, dass Sohn A das Grundstück erhalten soll.

Variante A:

> Der Wert des Restnachlasses entspricht oder ist größer als der Wert des Grundstücks.

Variante B:

> Der Wert des Restnachlasses ist kleiner als der Wert des Grundstücks.

1. Variante A

Bei der Sachverhaltsvariante A sind potenziell mehrere Gestaltungsmöglichkeiten des Erblassers denkbar. Zum einen kann dieser gewollt haben, dass Sohn A das Grundstück zusätzlich zu seinem Erbteil erhalten soll, mithin er das Grundstück A erhält und den hälftigen Restnachlass. Zum anderen ist aber ebenfalls denkbar, dass der Erblasser gerade keine Begünstigung des Sohnes A beabsichtigt hat. In dieser Fallkonstellation sind wiederum zwei unterschiedliche Regelungsziele des Erblassers denkbar. Einerseits kann der Erblasser beabsichtigt haben, dem Sohn A das Grundstück unter vollständiger Anrechnung auf seinen Erbteil zuzuweisen. Das hätte zur Folge, dass der Sohn A im Übrigen nicht mehr am Restnachlass zu beteiligen ist, sofern der Wert des Grundstücks dem Wert des Restnachlasses gleicht. Der Restnachlass stünde dann nur Sohn B zu. Andererseits kann dem Erblasser aber auch daran gelegen sein, dass der Sohn A auch am Restnachlass zu beteiligen ist. Das hätte zwingend zur Folge, dass der Sohn A den Wert des Grundstücks teilweise durch eine Zahlung ausgleicht, weshalb sich sodann die Frage stellt, ob eine erklärte Ausgleichspflicht zum Nachteil des Sohns A begründet werden kann.

2. Variante B

Anders stellt sich die Lage in der Variante B dar. Auch hier kann der Erblasser die Absicht gehabt haben, seinem Sohn A den Mehrwert des Grundstücks zusätzlich zu seinem Erbteil zu verschaffen. Soweit eine entsprechende Begünstigung des Sohnes A nicht gewollt ist, kann der Ausgleich unter den Miterben jedoch nur zwingend mittels einer entsprechenden Ausgleichszahlung des Sohnes A erreicht werden. Denn der Wert des Restnachlasses ist hier geringer als der Wert des Grundstücks. Gleichwohl kann der Erblasser auch in der Fallvariante zwei verschiedene Regelungsziele im Blick gehabt haben. Denkbar ist, dass er wiederum seinen Sohn A tatsächlich am Restnachlass beteiligen wollte. Das hätte zur Folge, dass der Sohn A nicht nur den fehlenden Differenzbetrag in Ausgleich zu bringen hätte, sondern noch eine darüber hinausgehende Ausgleichszahlung. Denn nur dann wäre eine Beteiligung des Sohnes A am Restnachlass denkbar. Ebenso denkbar ist aber auch, dass es dem Erblasser nicht auf eine Beteiligung des Sohnes A am Restnachlass angekommen ist, was die Ausgleichspflicht der Höhe nach dann auf den überschießenden Differenzbetrag begrenzen würde.

3. Ausgleichspflicht des bedachten Miterben

Sowohl bei der Variante A als auch bei der Variante B ist es folglich denkbar, dass der Erblasser dem bedachten Miterben A eine Ausgleichspflicht auferlegen möchte. Sei es in der Variante A, um sicherzustellen, dass auch der Sohn A am Restnachlass beteiligt wird. Sei es in der Variante B zwangsläufig dadurch, dass der Restnachlass nicht ausreicht, um einen Wertausgleich zwischen den Miterben herbeizuführen.

II. Mögliche Gestaltungsmittel

Ausgangspunkt einer jedweden erbrechtlichen Gestaltung muss der Wille des Erblassers sein. Denn genau hieran wird sich im Falle einer Streitigkeit einer etwaigen Erbengemeinschaft die letztwillige Verfügung im Rahmen der Auslegung messen müssen. Soweit nämlich eine letztwillige Verfügung des Erblassers auszulegen ist, hat dies grundsätzlich nicht anhand des sonst bekannten objektiven Empfängerhorizonts zu erfolgen, sondern anhand des Willens des Erblassers.[565]

Die Zuweisung eines Nachlassgegenstandes in Verbindung mit einer Ausgleichszahlung kann auf unterschiedliche Art und Weise erfolgen. Hierzu im Einzelnen:

1. Übernahmerecht

Bereits im Grundlagenteil dieser Arbeit wurde herausgearbeitet, dass es dem Erblasser möglich ist, ein Übernahmerecht in seiner letztwilligen Verfügung vorzusehen.[566] Wegen der dort festgestellten Rechtsnatur als Vermächtnis wären insoweit die Regelungen des Vermächtnisses anzuwenden. Bei einem Übernahmerecht kann der Erblasser den Übernahmepreis bestimmen. Liegt der Übernahmepreis wertmäßig über dem Wert seiner Erbquote und übt der bedachte Miterbe sein Übernahmerecht per Gestaltungserklärung aus, so ist er zur Ausgleichszahlung des überschießenden Teils in den Nachlass verpflichtet.[567]

2. Auflage

Vereinzelt wurde im Rahmen der Diskussion über die überquotale Teilungsanordnung ebenfalls erwähnt, dass es dem Erblasser jedenfalls mittels einer Auflage möglich wäre, dem jeweiligen Miterben eine Ausgleichspflicht aufzuerlegen.[568] Da die Auflage auch die Zahlung von Geldleistung zugunsten natürlicher Personen zum Gegenstand haben kann,[569] ist dem zuzustimmen.

3. Bedingte Erbeinsetzung

Dem Erblasser steht darüber hinaus die Möglichkeit zur Verfügung, seine gesamte Verfügung von Todes wegen oder einzelne darin enthaltene Verfügungen (z. B. Erbeinsetzungen) vom Eintritt eines nach dem Erbfall eintretenden

---

565 BeckOGK BGB/*Gierl*, Stand: 01.12.2023, § 2084 Rn. 10.
566 Vgl. hierzu 2. Kapitel II. 8.
567 MüKo BGB/*Rudy*, § 2150 Rn. 7.
568 *Siegmann*, ZEV 1996, 47, 48.
569 MüKo BGB/*Leipold*, § 1940 Rn. 6.

Ereignisses abhängig zu machen.[570] Das ergibt sich zwar nicht ausdrücklich aus dem Gesetz, wird jedoch in verschiedenen Normen des Gesetzes vorausgesetzt (z. B. § 2074 und § 2075 BGB).[571] Denkbar wäre es insoweit, dass die Erbeinsetzung des begünstigten Miterben von der Bedingung einer entsprechenden Ausgleichszahlung in Höhe der Differenz zwischen der Erbquote und des zugewandten, wertvolleren Nachlassgegenstandes abhängig gemacht wird. Wird die Bedingung dabei als auflösende Bedingung ausgestaltet, ist zu berücksichtigen, dass hierdurch eine konstruktive Vor- und Nacherbschaft entsteht, wobei bei nicht näherer Bestimmung der Nacherben durch den Erblasser, gemäß § 2104 S. 1 BGB die gesetzlichen Erben als Nacherben gelten.[572]

4. Vermächtnis

Ebenso ist denkbar, dass der Erblasser zur Erreichung seines wirtschaftlichen Ziels mit einem Vermächtnis und Untervermächtnis agiert. Das Untervermächtnis zeichnet sich dadurch aus, dass der Hauptvermächtnisnehmer mit einem Vermächtnis beschwert wird.[573] Das Untervermächtnis wird im Gesetz nicht ausdrücklich geregelt, jedoch in § 2147 S. 1 BGB vorausgesetzt.[574] Das Untervermächtnis muss dabei nicht wie bei einem Nachvermächtnis auf denselben Gegenstand gerichtet sein, z. B. kann dem Hauptvermächtnisnehmer etwa ein Grundstück vermacht werden und er im Wege des Untervermächtnisses mit der Zahlung eines Geldbetrages belastet werden.[575]

Soweit – wie im hiesigen Fall – zwischen dem vermachten Gegenstand und der Erbquote eine Wertdifferenz herrscht, kann bei einem reinen Vorausvermächtnis ebenfalls die Wertdifferenz durch eine entsprechende Anordnung des Erblassers ausgeglichen werden. Zum einen ist hierbei denkbar, dass der Erblasser bei der Formulierung des Vorausvermächtnisses dessen Bestand unter die aufschiebende Bedingung stellt, dass er die Wertdifferenz aus seinem Privatvermögen gegenüber den Miterben ausgleicht.[576] Zum anderen kann der Erblasser auch Gebrauch von dem eben angesprochenen Untervermächtnis machen und den Vorausvermächtnisnehmer mit einem Untervermächtnis

570 BeckOK BGB/*Litzenburger*, 68. Edition, Stand: 01.11.2023, § 2074 Rn. 1.
571 Ebd.
572 Vgl. hierzu BeckOK BGB/*Litzenburger*, 68. Edition, Stand: 01.11.2023, § 2074 Rn. 4
573 Nieder/Kössinger/*R. Kössinger*, § 9 Rn. 67.
574 MüKo BGB/*Rudy*, § 2186 Rn. 2.
575 Ebd.
576 Nieder/Kössinger/*R. Kössinger/Zintl*, § 15 Rn. 230.

zugunsten der übrigen Miterben belasten, das die Höhe der Wertdifferenz zum Gegenstand hat.[577]

5. Kombination von Teilungsanordnung und Vorausvermächtnis

Im Grundlagenteil dieser Arbeit wurde bereits festgestellt, dass eine Kombination von Teilungsanordnung und Vorausvermächtnis (im Sinne zweier eigenständiger Anordnungen) möglich ist. Zutreffend wird insoweit vertreten, dass eine Kombination dergestalt möglich ist, dass die Zuweisung eines Gegenstandes bis zum wirtschaftlichen Wert der Erbquote Teilungsanordnung i. S. d. § 2048 S. 1 BGB sein soll und im Übrigen, d. h. hinsichtlich des Mehrwerts ein Vorausvermächtnis zu Lasten der anderen Miterben.[578] Ob darüber hinaus eine Gestaltung in der Weise in Betracht zu ziehen wäre, dass der Erblasser mittels Teilungsanordnung bis zum wirtschaftlichen Wert der Erbquote eine Zuweisung des Nachlassgegenstandes verfügt und weiter den bedachten Miterben mit einem Vermächtnis zugunsten der anderen Miterben in Höhe des Mehrwertes belastet, ist fraglich. Diese Gestaltungsmöglichkeit soll jedoch nicht weiter in Betracht gezogen werden, da eine rechtssichere Gestaltung bei der Kombination der beiden Rechtsinstitute aufgrund der erheblichen Unterschiede in ihren Rechtsfolgen,[579] jedenfalls nicht gesichert ist.[580]

6. Vorteile und Nachteile der jeweiligen Gestaltungsmöglichkeiten

a. Übernahmerecht

Die Möglichkeit der Anordnung eines Übernahmerechts ist für den Erblasser nur begrenzt vorteilhaft. Ist dem Erblasser von besonderer Bedeutung, dass der bedachte Miterbe den Nachlassgegenstand gegen Zahlung des Übernahmepreises übernimmt, so reicht die Anordnung eines Übernahmerechts hierfür nicht aus. Denn die Verpflichtung zur Zahlung des Übernahmepreises hängt von der tatsächlichen Ingebrauchnahme des zugewandten Übernahmerechts durch den bedachten Miterben ab. Tut er das nicht, geht das Übernahmerecht ins Leere, sodass dieser weder die Übernahme des Nachlassgegenstandes verlangen kann noch die Zahlung eines entsprechenden Ausgleichs schuldet. Soweit es dem Erblasser also auf die Begründung einer Ausgleichspflicht auch

577 *Lange/Kuchinke*, § 44 III 4 e) γ); Nieder/Kössinger/*R. Kössinger/Zintl*, § 15 Rn. 230.

578 *Lange/Horn*, ZEV 2021, 1, 3; Nieder/Kössinger/*R. Kössinger/Zintl*, § 15 Rn. 232.

579 Vgl. dazu. 2. Kapitel II. 5.

580 I. E. auch Nieder/Kössinger/*R. Kössinger/Zintl*, § 15 Rn. 234.

gegen den Willen des Miterben ankommt, muss dieser zu anderen Gestaltungsmöglichkeiten greifen.

b. Auflage

Denkbar wäre hier die Anordnung einer Auflage i. S. d. § 1940 BGB. Nach hiesiger Auffassung wäre die Vollziehungsberechtigung durch die begünstigten Miterben allerdings nicht sichergestellt, da diese als Begünstigte der Auflage nicht vollziehungsberechtigt sind.[581] Vor diesem Hintergrund wäre anderweitig sicherzustellen, dass es einen Vollziehungsberechtigten gibt, der die Vollziehung der Auflage verlangen kann. Einigkeit besteht insoweit, dass der in § 2194 BGB genannte Personenkreis nicht abschließend ist, sodass beispielsweise auch ein Testamentsvollstrecker die Vollziehung der Auflage verlangen kann.[582] Soweit der Erblasser einen Testamentsvollstrecker einsetzt, kann dieser nicht auf die Vollziehung der Auflage verzichten.[583] Letztgenannter Umstand hätte den Vorteil, dass die Vollziehung der Auflage sichergestellt wäre. Nicht unerwähnt soll jedoch bleiben, dass es – anders als bei einem Vermächtnisanspruch – an dem natürlichen Interesse eines Anspruchsberechtigten fehlt, da die fremdnützige Vollziehungsberechtigung des § 2194 BGB insoweit nur einen unvollkommenen Ersatz für das Fehlen eines materiell-rechtlich Anspruchsberechtigten darstellt.[584] Die Auflage bietet sich also dann nicht an, wenn es dem Erblasser gerade auf die Vermittlung eines Leistungsanspruchs ankommt.

c. Bedingte Erbeinsetzung

Eine Gestaltung, die auf einer bedingten Erbeinsetzung basiert, hätte insoweit den Vorteil, dass aufgrund des möglichen Verlusts der Erbenstellung ein entsprechendes Interesse des Miterben an der Durchführung des Ausgleichs besteht. Soweit der Miterbe mit der Erfüllung der Ausgleichspflicht jedoch wirtschaftlich überfordert ist, besteht das Risiko, dass es nicht zu der von dem Testator gewünschten Erbfolge kommt. Er riskiert, dass die von ihm eigentlich zur Nachfolge berufenen Erben die Erbschaft ausschlagen bzw. der Bedingung nicht nachkommen. Eine bedingte Erbeinsetzung macht mithin nur dann

---

581 Vgl. hierzu 4. Kapitel IV. 2. b.

582 Erman/*Nobis*, § 2194 Rn. 1; jurisPK-BGB/*Linnartz*, § 2194 Rn. 6 f.; MüKo BGB/*Rudy*, § 2194 Rn. 4 f.

583 Erman/*Nobis*, § 2194 Rn. 3.

584 Zutreffend weist hierauf BeckOGK BGB/*Grädler*, Stand: 01.12.2023, § 2192 Rn. 54.2 hin.

Sinn, wenn der Erblasser um jeden Willen die Ausgleichszahlung sichergestellt haben möchte, sei es auch auf Kosten der eigentlich gewollten Erbfolge. Die mit der bedingten Einsetzung einhergehende konstruktive Vor- und Nacherbfolge hat darüber hinaus u. U. erbschaftsteuerlich nachteilige Konsequenzen, da gem. § 6 I und II ErbStG zwei zu versteuernde Erbfälle existieren. Aber auch die bedingte Erbeinsetzung kann einen klagbaren Anspruch des Begünstigten nicht begründen, sodass auf diese Gestaltung nur zurückgegriffen werden kann, wenn der Wille des Erblassers darauf gerichtet ist, den Miterben mittels eines möglichen Verlustes seiner Erbenstellung zur Zahlung zu bewegen.

d. Vermächtnis

Die Gestaltung über ein Vermächtnis hat den entscheidenden Vorteil, dass dem bedachten Erben ein echtes Leistungsrecht verschafft wird (vgl. § 2174 BGB). Entsprechendes gilt bei einem Untervermächtnis. Wegen § 2186 BGB hat der Hauptvermächtnisnehmer auch keine vorzeitige Inanspruchnahme des Untervermächtnisnehmers zu fürchten, da der Gesetzgeber die Pflicht zur Erfüllung davon abhängig macht, dass der Hauptvermächtnisnehmer seinerseits die Erfüllung verlangen kann. Soweit der Erblasser verhindern möchte, dass der begünstigte Miterbe das Vermächtnis schon vor der Auseinandersetzung verlangen kann, wäre die Fälligkeit des Vermächtnisses entsprechend auf den Zeitpunkt der Erbauseinandersetzung zu verschieben.[585] Das würde sich dann auch für das Untervermächtnis auswirken, da § 2186 BGB auch Anwendung findet, wenn die Fälligkeit des Hauptvermächtnisses durch eine Anordnung des Erblassers nach hinten verschoben wurde.[586] Gleichermaßen wird es regelmäßig dem Willen des Erblassers entsprechen, dass der Miterbe das Vermächtnis nur erhält, wenn dieser auch tatsächlich Erbe wird, sodass das Vermächtnis aufschiebend bedingt ausgestaltet werden sollte.[587] Letztlich ist im Rahmen der Gestaltung zu entscheiden, ob das Untervermächtnis auch dann Bestand haben soll, wenn der Hauptvermächtnisnehmer sein Vermächtnis ausschlägt, was dem gesetzlichen Regelfall entspricht.[588]

---

585 Das schlagen *Lange/Horn,* ZEV 2021, 1, 3 zutreffend bei einer Kumulation von Teilungsanordnung und Vorausvermächtnis vor.

586 BeckOGK BGB/*Forschner,* Stand: 01.12.2023, § 2186 Rn. 5.

587 Wiederum zum Fall der Kumulation zwischen Teilungsanordnung und Vorausvermächtnis *Lange/Horn,* a. a. O.

588 Vgl. hierzu BeckOGK BGB/*Forschner,* Stand: 01.12.2023, § 2186 Rn. 14.

7. Umdeutung einer fehlgeschlagenen überquotalen Teilungsanordnung

Soweit man sich nun auf den Ausgangsfall der „überquotalen Teilungsanordnung" beschränkt, muss man sich noch einmal das eigentliche Anordnungsziel des Erblassers vor Augen führen: Zum einen möchte der Erblasser, dass dem Miterben ein ganz bestimmter Nachlassgegenstand zugewiesen wird. Zum anderen möchte der Erblasser aber auch, dass die von ihm bedachten Erbquoten wirtschaftlich eingehalten werden.

Da das Gestaltungsmittel der Teilungsanordnung diese Rechtsfolge nicht im Sinne eines klagbaren Ausgleichsanspruchs der Miterben beinhalten kann, stellt sich nunmehr die Frage, welche der in diesem Kapitel genannten Gestaltungsalternativen am ehesten dem Erblasserwillen entspricht. Nach dem hiesigen Rechtsverständnis sind weder die Auflage noch die bedingte Erbeinsetzung dazu geeignet, den übrigen Miterben ein echtes Forderungsrecht zu verschaffen. Die bedingte Erbeinsetzung würde das beabsichtigte Ziel des Erblassers (Übernahme des bestimmten Nachlassgegenstandes unter Ausgleichszahlung) viel mehr damit erreichen wollen, dass der bedachte Miterbe wegen des möglichen Verlustes seiner Erbenstellung zur Ausgleichszahlung bewegt wird. Im Einzelfall kann eine Auslegung des Erblasserwillens eine entsprechende Umdeutung der überquotalen Teilungsanordnung zugunsten einer bedingten Erbeinsetzung oder einer Auflage zulassen, was jedoch – aufgrund der genannten Unterschiede – die Ausnahme bleiben dürfte. Insbesondere der mögliche Verlust der Erbenstellung wird in den seltensten Fällen eine entsprechende Umdeutung zulassen.

Nichts anderes gilt für ein etwaiges Übernahmerecht. Da hier der Vollzug der Anordnung von einer Gestaltungserklärung des Miterben abhängt, wird die Annahme eines Übernahmerechts regelmäßig nicht dem Willen des Erblassers entsprechen.

Naheliegender ist deshalb, eine Umdeutung in ein Hauptvermächtnis nebst Untervermächtnis in Betracht zu ziehen. Zum einen ist hierdurch sichergestellt, dass ein tatsächliches Forderungsrecht begründet wird. Zum anderen ist aber auch durch die Anordnung des Untervermächtnisses sichergestellt, dass die Miterben in Höhe ihrer Erbquote an dem vorhandenen Nachlass beteiligt werden. Aber auch hier gilt, dass eine Umdeutung nur im konkreten Einzelfall und Würdigung der jeweiligen Umstände in Betracht gezogen werden kann.

6. Kapitel: Zusammenfassung

Die der Fallgestaltung der „überquotalen Teilungsanordnung" zugrunde liegenden Sachverhalte beschäftigen Rechtsprechung und Literatur schon seit geraumer Zeit. Nur wenige haben sich bislang argumentativ mit einer möglichen Ausgleichspflicht eines von der überquotalen Teilungsanordnung bedachten Miterben befasst. Das überrascht, wenn man bedenkt, dass die Thematik in der Praxis regelmäßig Relevanz haben dürfte.

Der Verfasser dieser Arbeit hat zunächst festgestellt, dass der Fallgestaltung der überquotalen Teilungsanordnung unterschiedliche Rechtsfolgen beigemessen werden. Er ist der Auffassung, dass hierunter eine Teilungsanordnung zu verstehen ist, die einen Nachlassgegenstand erfasst, der wertmäßig über dem liegt, was dem von der Teilungsanordnung bedachten Miterben gemäß seiner Erbquote am Nachlass gebührt. Hingegen ist das Verständnis der überquotalen Teilungsanordnung als Teilungsanordnung und Vorausvermächtnis abzulehnen.

Den seit Jahren anhaltenden Streit einer Anspruchsgrundlage bzgl. einer Ausgleichspflicht eines in den Gesellschaftsanteil einer Personengesellschaft eintretenden Miterben, hat der Verfasser dahingehend gelöst, dass er die Ausgleichspflicht in dem Auseinandersetzungsvertrag der Miterben verortet. Hierzu wurde detailliert herausgearbeitet, weshalb sich andere Begründungsversuche zur Annahme einer Ausgleichspflicht nicht eignen. Insbesondere wurde herausgearbeitet, dass auch die im Rahmen der Auseinandersetzungslösung angeführten Argumentationen zur Annahme einer Ausgleichspflicht nichts beitragen können. Weder der Vergleich zur Teilauseinandersetzung der Erbengemeinschaft noch der Vergleich zur Teilungsanordnung vermögen die Annahme einer Ausgleichspflicht zu rechtfertigen. Entscheidend für die Annahme einer Ausgleichspflicht ist vielmehr die Gesamtschau der gesetzlichen Regelungen zur Erbauseinandersetzung unter Berücksichtigung des Umstands, dass der Gesellschaftsanteil bereits im Wege der Sondererbfolge auf den bedachten Miterben übergegangen ist. Diese Sondererbfolge ist aufgrund zwingender gesellschaftsrechtlicher Wertungen notwendig. Für eine am Erbrecht zu bemessende gerechte Wertverteilung treffen diese gesellschaftsrechtlichen Wertungen hingegen keine Aussage.

Im weiteren Verlauf der Arbeit wurde sodann festgestellt, dass die Begrifflichkeit der überquotalen Teilungsanordnung erst zu Beginn der 80er-Jahre relevant wurde und dass die Sachverhalte, die typischerweise im Rahmen der überquotalen Teilungsanordnung vorliegen, zuvor über die Rechtsfigur der „wertverschiebenden Teilungsanordnung“ gelöst wurden. Mit – zutreffender – Ablehnung einer „wertverschiebenden Teilungsanordnung“ hat sich sodann eine nicht konsistente Rechtsprechung im Hinblick auf eine etwaige Ausgleichspflicht bei der überquotalen Teilungsanordnung herausgebildet. Das zuletzt von der Rechtsprechung vertretene Ergebnis, das eine Ausgleichspflicht eines Miterben ablehnte, verdient nach der hiesigen Untersuchung Zustimmung.

Die in der Literatur angestoßene Diskussion, der Fall der überquotalen Teilungsanordnung ähnele dem der Sondererbfolge in den Gesellschaftsanteil, vermag nicht zu einer etwaigen Anspruchsgrundlage verhelfen. Die Begründung, die im Rahmen der Sondererbfolge in den Gesellschaftsanteil einer Personengesellschaft zu der Annahme einer Ausgleichspflicht des eintretenden Miterben führt, kann wegen der unterschiedlichen Wirkungen für den Fall der überquotalen Teilungsanordnung nicht fruchtbar gemacht werden. Auch die anderen im Rahmen der Sondererbfolge diskutierten Anspruchsgrundlagen, können keine Ausgleichspflicht des von der überquotalen Teilungsanordnung bedachten Miterben begründen.

Soweit aus anderen rechtlichen Gesichtspunkten für eine Ausgleichspflicht des Miterben plädiert wird, überzeugt dies nach Auffassung des Verfassers ebenfalls nicht. Die Verpflichtungswirkung der Teilungsanordnung kann eine Ausgleichspflicht nicht rechtfertigen, weil bereits nach dem Normzweck des § 2048 BGB eine über den Nachlass hinausgehende Verpflichtung des Erblassers nicht zu rechtfertigen ist. Auch Vergleiche zu den Regelungen des Vermächtnisses sowie denen der Auflage sprechen nicht für die Annahme einer Ausgleichspflicht. Zum einen wird hier mit einem Ausnahmetatbestand argumentiert, der keiner Verallgemeinerung zugänglich ist, zum anderen mangelt es im Hinblick auf die Auflage jedenfalls an der Vergleichbarkeit, weil bei der Auflage nach dem Gesetzeszweck gerade kein Leistungsanspruch des Begünstigten begründet wird. Auch die mögliche Haftungsbeschränkung des § 2059 BGB spricht gegen eine Übertragung des Rechtsgedankens. Gleichfalls kann der Wille des Erblassers zur Gleichbehandlung seiner Abkömmlinge keine Ausgleichspflicht begründen. So ist dieser nur dann beachtlich, wenn das Gesetz dem Erblasser die Möglichkeit eröffnet, per Teilungsanordnung eine entsprechende Ausgleichspflicht zu normieren, was aus den genannten Gründen abzulehnen ist. Bestätigung erfährt dieses Ergebnis im Grundsatz der Privatautonomie, da die Annahme einer Ausgleichspflicht einem Vertrag zu Lasten Dritter gleichkäme. Ebenso spricht die Gesamtkonzeption der Erbauseinandersetzung dafür, dass der Gesetzgeber mehrere mit der Ausgleichspflicht potenziell einhergehenden Teilauseinandersetzungen nicht beabsichtigt hat.

Die von der herrschenden Auffassung vertretene Rechtsfolge, dass einer Teilungsanordnung insoweit nur beachtlich ist, wenn der betreffende Miterbe freiwillig einen Ausgleich leistet und im Übrigen unbeachtlich ist, hält der Verfasser nicht pauschal aufrecht. Vielmehr plädiert er für eine ggf. mögliche Umdeutung der letztwilligen Anordnung des Erblassers, die u. U. zu einer Beachtlichkeit der Teilungsanordnung – wenn auch nicht in ihrer ursprünglichen Rechtsnatur als Teilungsanordnung – führt.

Abschließend spricht sich der Verfasser im Hinblick auf das eigentliche Gestaltungsziel einer überquotalen Teilungsanordnung für eine Kombination von Hauptvermächtnis und Untervermächtnis aus.

Literaturverzeichnis

Beck, Emil, Grenzen der Teilungsanordnung, DNotZ 1961, 565–575

beck-online. GROSSKOMMENTAR, hrsg. v. *Gsell, Beate/Krüger, Wolfgang/Lorenz, Stephan/Reymann, Christoph* (zitiert: BeckOGK BGB/*Bearbeiter*, Stand)

Beck'scher Online-Kommentar BGB, hrsg. v. *Hau, Wolfgang/Poseck, Roman* (zitiert: BeckOK BGB/*Bearbeiter*, Edition, Stand)

Beck'scher Online-Kommentar Grundgesetz, hrsg. v. *Epping, Volker/Hillgruber, Christian*, 56. Edition, Stand: 15.08.2023 (zitiert: BeckOK GG/*Bearbeiter*)

Beck'scher Online-Kommentar HGB, hrsg. v. *Häublein, Martin/Hoffmann-Theinert, Roland* (zitiert: BeckOK HGB/*Bearbeiter*, Edition, Stand)

Burandt, Wolfgang/Rojahn, Dieter, Erbrecht, 4. Auflage, 2022 (zitiert: Burandt/Rojahn/*Bearbeiter*)

Bratke, Harald M., Die Auswirkungen gesellschaftsvertraglicher Abfindungsklauseln auf Pflichtteils- und erbrechtliche Ausgleichsansprüche, 1998

Bredemeyer, Dierk, Praxisrelevante Fälle zum Vermächtnisrecht, ZErb 2017, 343–350

Brox, Hans (Begr.)

Anmerkung zum Urteil des BGH vom 30.04.1984 – II ZR 293/83, JZ 1984, 890–893

Allgemeiner Teil des BGB, 47. Auflage, 2023 (zitiert: *Brox*, BGB AT)

Erbrecht, 29. Auflage, 2021 (zitiert: *Brox*, ErbR)

Coing, Helmut, Vorausvermächtnis und Teilungsanordnung, JZ 1962, 529–534

Damrau, Jürgen/Tanck, Manuel (Hrsg.), Praxiskommentar Erbrecht, 4. Auflage, 2020 (zitiert: Damrau/Tanck/*Bearbeiter*)

Das Bürgerliche Gesetzbuch mit besonderer Berücksichtigung der Rechtsprechung des Rechtsgerichts und des Bundesgerichtshofes, Band 5, Teil 2 Erbrecht, §§ 2147–2382, *Johannsen, Kurt H., u. a. (Bearbeiter)*, 11. Auflage, Reprint 2018 (zitiert: RGRK-BGB/*Bearbeiter*)

Dieckmann, Albrecht, Bemerkungen zur „wertverschiebenden Teilungsanordnung" in: Europäisches Rechtsdenken in Geschichte und Gegenwart, Festschrift für Helmut Coing zum 70. Geburtstag, *hrsg. v. Horn, Norbert/Luig, Klaus/Söllner, Alfred*, Band II, 1982, 53–71 (zitiert: Dieckmann, FS Coing)

Ebeling, Jürgen (Hrsg.), u. a., Handbuch der Erbengemeinschaft, Werkstand 62. Lieferung, Oktober 2023 (zitiert: Ebeling/Geck/*Bearbeiter*)

Ebenroth, Carsten Thomas, Erbrecht, 1992 (zitiert: *Ebenroth,* ErbR)

Ebenroth, Carsten Thomas/Boujong, Karlheinz (Begr.)/Joost, Detlev/Strohn, Lutz (Hrsg.), Handelsgesetzbuch, Band 1, §§ 1–342e HGB, 4. Auflage, 2020 (zitiert: Ebenroth/Boujong/Joost/Strohn/*Bearbeiter*)

Eberl-Borges, Christina, Die Erbauseinandersetzung, 2000

Eidenmüller, Horst, Vorausvermächtnis und Teilungsanordnung, JA 1991, 150–155

Erman, Handkommentar zum Bürgerlichen Gesetzbuch, hrsg. v. *Westermann, Harm Peter/Grunewald, Barbara/Maier-Reimer, Georg*

Band II, 16. Auflage, 2020 (zitiert: Erman/*Bearbeiter,* 16. Aufl.)

Band III, 17. Auflage, 2023 (zitiert: Erman/*Bearbeiter*)

Esch, Günter, Die Nachlaßzugehörigkeit vererbter Personengesellschaftsbeteiligungen, NJW 1984, 339–343

Fischer, Michael, Nachlassteilung durch Teilungsanordnung, Vermächtnis, Auflage, ErbStB 2004, 395–400

Flume, Werner,

Allgemeiner Teil des Bürgerlichen Rechts, Erster Band, Erster Teil: Die Personengesellschaft, 1977 (zitiert: *Flume*)

Die Erbennachfolge in den Anteil an einer Personengesellschaft und die Zugehörigkeit des Anteils zum Nachlaß, NJW 1988, 161–164

Freiherr v. Proff, Maximilian, Die Erbfolge in Beteiligungen an Personengesellschaften – Funktionsweise und Gestaltungsmöglichkeiten, DStR 2017, 2555–2562

Frieser, Andreas (Hrsg.), Fachanwaltskommentar Erbrecht, 4. Auflage, 2013 (zitiert: Frieser/*Bearbeiter*)

Gebel, Dieter, Die qualifizierte Nachfolgeklausel, BB 1995, 173–179

Gergen, Thomas, Begünstigung und Begünstigungswille als Abgrenzung zwischen Vorausvermächtnis und Teilungsanordnung – zur Kritik der Rechtsprechung seit BGHZ 36, 115, ZErb 2006, 362–370

Gottwald, Uwe, Die Auseinandersetzung der Miterbengemeinschaft – eine Übersicht, ErbR 2007, 11–20

Graf von Westphalen, Friedrich/Haas, Ulrich/Mock, Sebastian/Wöstmann, Heinz (Hrsg.), Handelsgesetzbuch – Kommentar, 6. Auflage, 2023 (zitiert: Röhricht/Graf von Westphalen/Haas/Mock/Wöstmann/*Bearbeiter*)

Grashoff, Frieder, Die Nachfolge von Miterben in den Anteil an einer Personengesellschaft, 1997

Große-Wilde, Franz/Ouart, Peter Erwin (*Hrsg.*), Deutscher Erbrechtskommentar, 2. Auflage, 2010 (zitiert: Große-Wilde/Ouart/*Bearbeiter*)

Grüneberg – Kommentar zum Bürgerlichen Gesetzbuch mit Nebengesetzen, *Grüneberg, Christian, u. a.*, 83. Auflage, 2024 (zitiert: Grüneberg/*Bearbeiter*)

Grunsky, Wolfgang, Zur Abgrenzung der Teilungsanordnung gegenüber dem Vorausvermächtnis, JZ 1963, 250–252

Habersack, Mathias/Schäfer, Carsten (*Hrsg.*), Das Recht der OHG – Kommentierung der §§ 105 bis 160 HGB, 2. Auflage, 2019 (zitiert: Habersack/Schäfer/*Bearbeiter*)

Hausmann, Rainer/Hohloch, Gerhard (*Hrsg.*), Handbuch des Erbrechts, 2. Auflage, 2010 (zitiert: Hausmann/Hohloch/*Bearbeiter*)

Heckelmann, Dieter, Materielle und vollstreckungsrechtliche Folgeprobleme der Entscheidung des BGH für die Sondernachfolge in den Gesellschaftsanteil an der OHG bei sog. qualifizierter Nachfolgeklausel in: Festgabe für Ulrich von Lübtow, De iustitia et iure, 1980 (zitiert: *Heckelmann,* FG. v. Lübtow)

Henssler, Martin/Strohn, Lutz (*Hrsg.*), Kommentar zum Gesellschaftsrecht, 5. Auflage, 2021 (zitiert: Henssler/Strohn/*Bearbeiter*)

Heymann, Ernst (*Begr.*), Handelsgesetzbuch (ohne Seerecht) Kommentar, Band 2: Zweites Buch §§ 105–237, 2. Auflage, 1996

Homann, Klaus, Die angemessene Berücksichtigung der weichenden Erben bei der Vererbung von Gesellschaftsanteilen einer Personengesellschaft, 1985

Hopt, Klaus, u. a., Handelsgesetzbuch, 42. Auflage, 2023 (zitiert: Hopt/*Bearbeiter*)

Horn, Claus-Henrik (*Hrsg.*), Materialienkommentar Erbrecht, 2020 (zitiert: *Horn,* Materialienkommentar Erbrecht)

Huber, Ulrich, Vermögensanteil, Kapitalanteil und Gesellschaftsanteil an Personalgesellschaften des Handelsrechts, 1970

Hüffer, Uwe (*Begr.*), Gesellschaftsrecht, 13. Auflage, 2023 (zitiert: *Koch,* GesR)

Jakob, Dominique, Die Ausstattung (§ 1624 BGB) – ein familienrechtliches Instrument moderner Vermögensgestaltung?, AcP 2007, 198–224

Jauernig, *hrsg. v. Stürner, Rolf,* BGB-Kommentar, 19. Auflage, 2023 (zitiert: Jauernig/*Bearbeiter*)

Johannsen, Kurt Herbert, Erbrecht in der Rechtsprechung des Bundesgerichtshofs 1982 bis 1984, WM Sonderbeilage 1 1985, 3–36.

juris Praxiskommentar BGB, *Herberger, Maximilian (Hrsg.), u. a.*, Band 5 – Erbrecht, 10. Auflage, 2023 (zitiert: jurisPK BGB/*Bearbeiter*)

Keller, Hilmar, Die Problematik des § 2306 BGB bei der Sondererbfolge in Anteile an Personengesellschaften, ZEV 2001, 297–302

Koller, Ingo (*Hrsg.*), *u. a.*, Kommentar zum Handelsgesetzbuch, 10. Auflage 2023 (zitiert: Koller/Kindler/Drüen/*Bearbeiter*)

Krätzschel, Holger/Falkner, Melanie/Döbereiner, Christoph (Hrsg.), Nachlassrecht, 12. Auflage, 2022 (zitiert: Krätzschel/Falkner/Döbereiner/*Bearbeiter*)

Kroiß, Ludwig/Horn, Claus-Henrik (*Hrsg.*)

Bürgerliches Gesetzbuch – Kommentar, Band 5: Erbrecht, 6. Auflage 2021 (zitiert: NK-BGB/*Bearbeiter*)

Die überquotale Teilungsanordnung in der Testamentsauslegung und der Auslegungsvertrag, ErbR 2014, 56–59

Testamentsauslegung, 2. Auflage, 2019 (zitiert: Horn/Kroiß/*Bearbeiter*)

Krug, Walter, Wertermittlungsanspruch bei „überquotaler" Teilungsanordnung, Anmerkung zum Urteil des LG Nürnberg/Fürth vom 25.01.2000 ZErb 2001, 5

Lange, Heinrich (*Begr.*), Erbrecht, 5. Auflage, 2001 (zitiert: *Lange/Kuchinke*)

Lange, Knut Werner, Erbrecht, 3. Auflage, 2022 (zitiert: *Lange,* ErbR)

Lange, Knut Werner/Horn, Claus-Henrik

Die Teilungsanordnung – Annäherung an ein Mysterium, ErbR 2020 678–684

Rechtsgrundlage der Ausgleichspflicht bei der „überquotalen Teilungsanordnung", ZEV 2021, 1–7

Lange, Knut Werner/Kretschmann, Nicolas, Die Nachfolge von Todes wegen in einen Personengesellschaftsanteil nach dem MoPeG – ein erster Überblick ZEV 2021, 545–549

Leipold, Dieter, Erbrecht, 23. Auflage, 2022 (zitiert: *Leipold*)

Loritz, Karl-Georg, Teilungsanordnung und Vorausvermächtnis, NJW 1988 2697–2706

Marotzke, Wolfgang,

„Höferechtliche Tendenzen" und dogmatische Lösungen bei der Beerbung des Mitglieds einer offenen Handelsgesellschaft, AcP 1984, 541-583

Die Nachlaßzugehörigkeit ererbter Personengesellschaftsanteile und der Machtbereich des Testamentsvollstreckers nach dem Urteil des Bundesgerichtshofs vom 14. Mai 1986, AcP 1987, 223–246

Mattern, Friedrich, Einzelzuweisungen von Todes wegen, DNotZ 1963, 450-464

Mayer, Jörg, Anmerkung zu dem Urteil des OLG Karlsruhe vom 07.05.2004 – 14 U – 103/02, ZEV 2004, 331–334

Menold, Felix, Die erbrechtlichen Schranken der Gestaltung der Vererbung von Anteilen an Gesamthandspersonengesellschaften (OHG, KG und Außen-GbR), 2005

Michalski, Lutz, Gesellschaftsrechtliche Gestaltungsmöglichkeiten zur Perpetuierung von Unternehmen, 1980

Mugdan, Benno (Hrsg.), Die gesammten Materialien zum Bürgerlichen Gesetzbuch für das Deutsche Reich, 1899 (zitiert: *Mugdan* II bzw. V)

Band II (Recht der Schuldverhältnisse)

Band V (Erbrecht)

Münchener Handbuch des Gesellschaftsrechts, Band 1, BGB-Gesellschaft, Offene Handelsgesellschaft, Partnerschaftsgesellschaft, Partenreederei, EWIV, *hrsg. v. Gummert, Hans/Weipert, Lutz,* 5. Auflage, 2019 (zitiert: MHdB GesR I/*Bearbeiter*)

Münchener Kommentar zum Bürgerlichen Gesetzbuch (zitiert: MüKo BGB/*Bearbeiter*)

Band 3: Schuldrecht – Allgemeiner Teil II, *Krüger, Wolfgang (Hrsg.),* 9. Auflage, 2022

Band 6: Erbrecht, §§ 1922–2385 BGB, §§ 27–35 BeurkG, *Rebmann, Kurt/Säcker, Franz Jürgen (Hrsg.),* 2. Auflage, 1989 (zitiert: MüKo BGB/*Bearbeiter,* 2. Aufl.)

Band 7: Schuldrecht – Besonderer Teil IV, §§ 705–853, Partnerschaftsgesellschaftsgesetz, Produkthaftungsgesetz, *Ulmer, Peter (Begr.),* 8. Auflage, 2020 (zitiert: MüKo BGB/*Bearbeiter,* 8. Aufl.)

Band 7: Gesellschaft bürgerlichen Rechts und Partnerschaftsgesellschaft, *Ulmer, Peter (Begr.),* 9. Auflage, 2023

Band 10: Familienrecht II §§ 1589–1921, SGB VIII, *Schwab, Dieter (Hrsg.),* 9. Auflage, 2024

Band 11: Erbrecht: §§ 1922–2385 BGB, §§ 27–35 BeurkG, *hrsg. v. Säcker, Franz Jürgen/Rixecker, Roland/Oetker, Hartmut/Limperg, Bettina,* 9. Auflage, 2022

Münchener Kommentar zum Handelsgesetzbuch, Band 2: Zweites Buch. Handelsgesellschaften und stille Gesellschaft, Erster Abschnitt. Offene Handelsgesellschaft, §§ 105–160, Zweiter Abschnitt. Kommanditgesellschaft: §§ 161–177a, Konzernrecht der Personengesellschaften, *Schmidt, Karsten (Hrsg.),* 5. Auflage, 2022 (zitiert: MüKo HGB/*Bearbeiter*)

Muscheler, Karlheinz,

Erbrecht, Band 2, 2010

Teilungsanordnung und Vorausvermächtnis, ErbR 2008, 105–110

Nieder, Heinrich (Begr.), Handbuch der Testamentsgestaltung, 6. Auflage, 2020 (zitiert: Nieder/Kössinger/*Bearbeiter*)

Oetker, Hartmut, Kommentar zum Handelsgesetzbuch, 8. Auflage, 2024 (zitiert: Oetker/*Bearbeiter*)

Olzen, Dirk/Looschelders, Dirk, Erbrecht, 7. Auflage, 2023 (zitiert: *Olzen/Looschelders*, ErbR)

Pranzo, Giuseppe, Praktische Auswirkungen des MoPeG auf die Vermögens- und Unternehmensnachfolge, ZErb 2022, 425–433

Prütting, Hanns/Wegen, Gerhard/Weinreich, Gerd (Hrsg.), BGB-Kommentar, 18. Auflage, 2023 (zitiert: Prütting/Wegen/Weinreich/*Bearbeiter*)

Prütting, Hanns/Helms, Tobias (Hrsg.), FamFG-Kommentar, 6. Auflage, 2022 (zitiert: Prütting/Helms/*Bearbeiter*)

Reinicke, G. und D., Zur Kollision von Gesellschaftsrecht und Erbrecht, NJW 1957, 561–564

Rogler, Jens, Anmerkung zum Urteil des OLG Köln vom 14.11.2006 - 24 U 83/06, ErbR 2008, 20–23

Rokas, Nikolaos, Die Teilhaberschaft an der Offenen Handelsgesellschaft und ihre Vererbung, 1965

Röthel, Anne,

Erbrecht, 18. Auflage, 2020 (zitiert: *Röthel*, ErbR)

Ist unser Erbrecht noch zeitgemäß? in: Gutachten A für den 68. Deutschen Juristentag, S. A9–A48

Rißmann, Stephan (Hrsg.), Die Erbengemeinschaft, 3. Auflage, 2019 (zitiert: Rißmann/*Bearbeiter*)

Ruhwinkel, Sebastian, Die Erbengemeinschaft, 2. Auflage, 2021

Rüthers, Bernd, Die privatautonome Gestaltung der Vererbung des Anteils an einer Offenen Handelsgesellschaft durch eine beschränkte Nachfolgeklausel, AcP 1968, 263–285

Säcker, Franz-Jürgen, Gesellschaftsvertragliche und erbrechtliche Nachfolge in Gesamthandsmitgliedschaften, 1970

Scherer, Stephan (Hrsg.),

Münchener Anwaltshandbuch Erbrecht, 6. Auflage, 2024 (zitiert: MAH ErbR/*Bearbeiter*)

Unternehmensnachfolge, 6. Auflage, 2020 (zitiert: Scherer/*Bearbeiter*)

Schlinker, Steffen, Der Anspruch eines Miterben aus einer Teilungsanordnung auf Ausgleich, JR 2010, 93–96

Schlüter, Martin, Abgrenzungsfragen: Vermächtnis-Teilungsanordnung-Erbeinsetzung (mit steuerlichen Bezügen), ErbR 2011, 233–241

Schmidt, Karsten, Gesellschaftsrecht, 4. Auflage, 2002 (zitiert: *K. Schmidt,* Gesellschaftsrecht)

Schulze, Reiner, u. a., Handkommentar zum Bürgerlichen Gesetzbuch: BGB, 11. Auflage, 2021 (zitiert: Schulze/*Bearbeiter*)

Siegmann, Matthias

Zur Fortbildung des Rechts der Anteilsvererbung, NJW 1995, 481–487

„Überquotale“ Teilungsanordnung und Teilungsversteigerung, ZEV 1996, 47–50

Soergel, Theodor (*Begr.*), Bürgerliches Gesetzbuch mit Einführungsgesetz und Nebengesetzen (zitiert: Soergel/*Bearbeiter,* Auflage)

Band 11/1, Schuldrecht 9/1, §§ 705–758, 13. Auflage, 2011

Band 22: Erbrecht 2, §§ 2064–2273 BGB, §§ 1–35 Beurkundungsgesetz, 13. Auflage, 2003

Band 32: Erbrecht, §§ 1922–2146 BGB, 14. Auflage, 2021

Band 33: Erbrecht 2, §§ 2147–2385 BGB, 14. Auflage, 2021

Sommer, Michael/ Kerschbaumer, Katrin, „Echte“ und „überquotale“ Teilungsanordnungen – Zivil- und steuerrechtliche Probleme, ZEV 2004, 13–18

Sudhoff, Heinrich (*Begr.*), Unternehmensnachfolge, 5. Auflage, 2005 (zitiert: Sudhoff/*Bearbeiter*)

Tiedau, Erwin,

Die Abfindungs- und Ausgleichsansprüche der von der gesellschaftlichen Nachfolge ausgeschlossenen Erben, NJW 1980, 2246–2450

Gesellschaftsrechtliche Nachfolge im Verhältnis zum Erbrecht und zum neuen ehelichen Güterrecht, MDR 1957, 641–646

Ulmer, Peter

Die Sonderzuordnung des vererbten OHG-Anteils in: Gesellschaftsrecht und Unternehmensrecht, Festschrift für Wolfgang Schilling zum 65. Geburtstag am 05.06.1973, 1973, 79–104 (zitiert: *Ulmer,* FS Schilling)

Gesellschafternachfolge und Erbrecht, ZGR 1972, 324–344

Nachlaßzugehörigkeit vererbter Personengesellschaftsbeteiligungen?, NJW 1984, 1496–1502

Ulmer, Peter/ Schäfer, Carsten, Die Zugriffsmöglichkeiten der Nachlaß- und Privatgläubiger auf den durch Sondervererbung übergegangenen Anteil an einer Personengesellschaft, ZHR 1996, 413–441

Von Lübtow, Ulrich, Erbrecht, 2. Halbband, 1971, (zitiert: *v. Lübtow*)

Von Staudinger, Julius (Begr.), Kommentar zum Bürgerlichen Gesetzbuch mit Einführungsgesetz und Nebengesetzen, (zitiert: Staudinger/*Bearbeiter*)

Buch 2: Recht der Schuldverhältnisse, Neubearbeitung 2003

Buch 5: Erbrecht: §§ 1967–2063 (Rechtsstellung des Erben), Neubearbeitung 2020

Vorwerk, Volkert, Geldzuwendung durch erbrechtliche Auflage, ZEV 1998, 297–298

Westermann, Harry, Personengesellschaftsrecht, BGB-Gesellschaft – OHG – KG, 4. Auflage, 1979 (zitiert: *Westermann*)

Wiedemann, Herbert,

Die Übertragung und Vererbung von Mitgliedschaftsrechten bei Handelsgesellschaften, 1965

Entscheidungsbesprechung zu BGH, Urteil vom 10.2.1977 – II ZR 120/75, JZ 1977, 685–692

Richterliche Rechtsfortbildung, NJW 2014, 2407–2412

Wiese, Götz, u.a. (Hrsg.), Unternehmensnachfolge, 2020 (zitiert: Wiese/*Bearbeiter*)

Zunft, Vorname unbekannt, Unklarheiten zu § 139 HGB, NJW 1957, 1129–1133

www.ingramcontent.com/pod-product-compliance
Ingram Content Group UK Ltd.
Pitfield, Milton Keynes, MK11 3LW, UK
UKHW021855290926
8980IPUK00005B/851

9 783631 92450